Introdução à (Bio)Linguística
Linguagem e Mente

Conselho Acadêmico
Ataliba Teixeira de Castilho
Carlos Eduardo Lins da Silva
Carlos Fico
Jaime Cordeiro
José Luiz Fiorin
Magda Soares
Tania Regina de Luca

Proibida a reprodução total ou parcial em qualquer mídia
sem a autorização escrita da editora.
Os infratores estão sujeitos às penas da lei.

A Editora não é responsável pelo conteúdo deste livro.
A Autora conhece os fatos narrados, pelos quais é responsável,
assim como se responsabiliza pelos juízos emitidos.

Consulte nosso catálogo completo e últimos lançamentos em **www.editoracontexto.com.br**.

Maria Carlota Rosa

Introdução à (Bio)Linguística
Linguagem e Mente

Copyright © 2010 da Autora

Todos os direitos desta edição reservados à
Editora Contexto (Editora Pinsky Ltda.)

Montagem de capa
Gustavo S. Vilas Boas

Diagramação
Veridiana Magalhães

Preparação de textos
Daniela Marini Iwamoto

Revisão
Tuca Hassermann

Dados Internacionais de Catalogação na Publicação (CIP)
(Câmara Brasileira do Livro, SP, Brasil)

Rosa, Maria Carlota
Introdução à (bio)linguística : linguagem e mente /
Maria Carlota Rosa. – 1. ed., 1ª reimpressão. – São Paulo :
Contexto, 2022.

ISBN 978-85-7244-469-9

1. Biolinguística 2. Linguagem e línguas 3. Linguística I. Título.

10-01181	CDD-401

Índices para catálogo sistemático:
1. Biolinguística 401
2. Linguagem e mente : Teoria : Linguística 401

2022

EDITORA CONTEXTO
Diretor editorial: *Jaime Pinsky*

Rua Dr. José Elias, 520 – Alto da Lapa
05083-030 – São Paulo – SP
PABX: (11) 3832 5838
contato@editoracontexto.com.br
www.editoracontexto.com.br

À minha família.

Sumário

ABREVIATURAS 11

PREFÁCIO 13

PARTE 1 – O QUE A LINGUÍSTICA ESTUDA? 15
   INTRODUÇÃO 17
   A LINGUÍSTICA SE INTERESSA MESMO PELA LINGUAGEM? 19
   A LINGUÍSTICA E O PROBLEMA MENTE-CORPO 30
   UMA MUDANÇA FUNDAMENTAL: O CONCEITO DE LÍNGUA 35
   NÃO SE FALA DE ERRO? 37
   CARACTERIZANDO A LÍNGUA-I 39
   UMA QUESTÃO CONTROVERSA: A INTUIÇÃO COMO FERRAMENTA 42
   PARA IR ALÉM 46

PARTE 2 – SOBRE A FACULDADE DA LINGUAGEM 49
   A FACULDADE DA LINGUAGEM 51
   COMO SURGIU NA ESPÉCIE? 57
   É POSSÍVEL ENSINAR UMA LÍNGUA A UM ANIMAL? 60
   PARA IR ALÉM 72

PARTE 3 – LINGUAGEM: NATUREZA E AMBIENTE 73
   O AMBIENTE AFETA O DESENVOLVIMENTO LINGUÍSTICO? 75
   SITUAÇÃO 1: EXPERIÊNCIA LINGUÍSTICA AUSENTE 77
   SITUAÇÃO 2: *INPUT* LINGUÍSTICO LIMITADO 84
   EXISTE UM PERÍODO IDEAL PARA A AQUISIÇÃO LINGUÍSTICA? 90
   ETAPAS NO DESENVOLVIMENTO DE UMA LÍNGUA 93

As crianças então não imitam a fala dos adultos? 98

Para ir além 101

Parte 4 – A base física da faculdade da linguagem 103

Descobrindo a relação entre linguagem e cérebro 105

Começando a explorar o lado de dentro
da cabeça de um adulto 115

Sobre o cérebro humano 119

E a linguagem? 122

A localização de funções linguísticas 124

A lateralização de funções 127

Para ir além 131

Parte 5 – Sobre as línguas 133

O que é uma língua, afinal? 135

Procurando explicar a criatividade linguística 138

Testando regras impossíveis:
O *savant* linguístico "Christopher" 143

Testando regras impossíveis: estudos com imagem 145

Outras propriedades das línguas 147

Línguas sem voz? 150

Para ir além 153

Parte 6 – Voltando às propostas de línguas primitivas
de povos primitivos 155

Observando o surgimento de uma língua 157

As línguas podem diferir sem limites e de modos imprevisíveis? 161

Para ir além 173

Epílogo 175

Glossário 177

PARA ESTUDO E REVISÃO...181

    PARTE 1 – O QUE A LINGUÍSTICA ESTUDA? 183

    PARTE 2 – SOBRE A FACULDADE DA LINGUAGEM....................................185

    PARTE 3 – LINGUAGEM: NATUREZA E AMBIENTE 186

    PARTE 4 – A BASE FÍSICA DA FACULDADE DA LINGUAGEM......................187

    PARTE 5 – SOBRE AS LÍNGUAS..191

    PARTE 6 – VOLTANDO ÀS PROPOSTAS DE LÍNGUAS
    PRIMITIVAS DOS POVOS PRIMITIVOS 192

BIBLIOGRAFIA 193

ÍNDICE..205

CRÉDITOS DAS IMAGENS..207

Abreviaturas

1	primeira (pessoa)
2	segunda (pessoa)
3	terceira (pessoa)
ART	artigo
DEF	definido
FEM	feminino
IMP	imperfeito
INDEF	indefinido
MASC	masculino
PES	pessoa
PL	plural
PRES	presente
SG	singular
O	objeto
S	sujeito
V	verbo

ASL	American Sign Language
EliS	Escrita de Língua de Sinais
FLB	faculdade da linguagem em sentido lato (*faculty of language – broad sense*)
FLN	faculdade da linguagem em sentido estrito (*faculty of language – narrow sense*)
HamNoSys	The Hamburg Sign Language Notation System
IPA	International Phonetic Alphabet (Alfabeto Fonético Internacional)
ISN	Idioma de Señas de Nicaragua

L1	primeira língua
L2	segunda língua
LGP	Língua Gestual Portuguesa
Libras	Língua Brasileira de Sinais
LSN	Lenguaje de Señas de Nicaragua
NGT	Nederlandse Gebarentaal (língua de sinais holandesa)
Nilc/São Carlos	Núcleo Interinstitucional de Linguística Computacional/ Universidade de São Paulo em São Carlos
SW	SignWriting
UPSID	UCLA (University of California, Los Angeles) Phonological Segmental Inventory Data Base
c.p.	comunicação pessoal
fr.	francês
gr.	grego
ing.	inglês
jap.	japonês
G	indica que o termo assinalado faz parte do Glossário

Prefácio

Em seu primeiro século, o estudo científico da linguagem ganhou muitas vertentes. Não é de se estranhar que assim seja, sendo a linguagem tão central às atividades humanas.

Dentre essas vertentes, focalizar a Linguística como ramo da Biologia ou da Psicologia trouxe para o centro da pesquisa preocupações que têm acompanhado o homem no seu percurso sobre a Terra. Essa perspectiva, nova nos estudos linguísticos, permite-nos perceber por que razão, por exemplo, Psamético I (664-610 a.C.) não poderia descobrir qual a língua mais antiga do mundo com o experimento que levou a cabo. Também nos permite tentar entender a relação entre cérebro e afasia, sobre a qual já se especulava há cerca de cinco mil anos. Ou ter um novo olhar para as questões linguísticas que cercam a educação de surdos. Com isso, a Linguística começa a ganhar públicos novos, caso das recém-criadas graduações em Português-Libras, ao mesmo tempo que também deixa de ser privativa dos cursos de graduação em Letras, como começa a acontecer com a Fonoaudiologia.

O material que segue é uma introdução à Linguística. Seu foco central é a linguagem, objeto da Linguística por definição, mas relegada a segundo plano quando se inclui a Linguística somente entre as ciências sociais. Esse material resulta do trabalho com a disciplina Linguística I (Introdução à Linguística) em turmas de calouros das diferentes habilitações do bacharelado em Letras na Faculdade de Letras (FL) da Universidade Federal do Rio de Janeiro (UFRJ). Sua organização é a seguinte. Primeiramente, na "Parte 1", define-se Linguística, seu objeto e o cenário histórico que levou à ampliação dos interesses da disciplina. Em seguida, na "Parte 2", focaliza-se a faculdade da linguagem. Segue-se, na "Parte 3", a discussão acerca do papel do ambiente no desenvolvimento de uma língua. A "Parte 4" apresenta um panorama da base física da linguagem. A "Parte 5" trata do que caracteriza uma língua. A

14 Introdução à (Bio)Linguística

"Parte 6" focaliza a diferença entre as línguas. O "Epílogo" levanta uma antiga questão, a do lugar da Linguística entre as ciências.

Como se trata de material que surgiu do trabalho com alunos recém-chegados à universidade, além da inclusão de um resumo no início de cada capítulo, há indicações de literatura sobre tópicos específicos e de sites na internet ("Para ir além"), a que se somam um "Glossário", exercícios ("Para estudo e revisão") e ainda um "Índice" de assuntos. Ao longo dos capítulos, um <G> maiúsculo sobrescrito indica ao leitor que o termo foi incluído no "Glossário". As traduções de trechos citados aqui apresentadas, na ausência de outra indicação, são da própria autora.

Como tudo nesta vida, há que agradecer a muita gente. Agradeço a todos os meus alunos da graduação a possibilidade de fazermos em conjunto a descoberta de temas tão essenciais à vida de qualquer ser humano. Agradeço também a colegas que destinaram tempo à leitura de versões anteriores ou a responder a perguntas variadas. No primeiro caso estão os colegas Aniela França, Celso Novaes, Henrique Cairus, Humberto Menezes, Leonor Werneck e Sebastião Votre (todos da UFRJ/FL, ainda lá ou não mais); Katia Abreu (Isat), Luciana Gimenes (Unicid) e Diana Maul de Carvalho (UFRJ/FM). Agradeço especialmente ao mestrando da UFRJ/FL Vinícius Carvalho Pereira. Incluo no segundo caso (a disponibilidade para minhas perguntas) os professores Annita Gullo, Deize dos Santos, Flora de Paoli, Lucinda Brito e Marcus Maia (UFRJ/FL); Marco Py (UFRJ/INDC), Edson Watanabe (UFRJ/Coppe), Dante Teixeira (UFRJ/MN) e Konrad Koerner (Zentrum für Allgemeine Sprachwissenschaft, Typologie und Universalienforschung, Berlim). Agradeço também a Nelson Souza e Silva (UFRJ/FM) e Lúcia Salis (UFRJ/HUCFF) permitirem-me expor o material deste livro a um público diferente daquele da Faculdade de Letras. Por fim, mas não menos importante para mim, agradeço aos professores Nei Pereira Jr. (UFRJ/EQ) e Letícia Rebollo Couto (UFRJ/FL), que me incentivaram a transformar em livro uma quantidade de notas de aulas, e a José de Jesus Rosa (que finalizava Matemática na Universidade Federal Fluminense quando eu terminava este texto), que leu tudo com a perspectiva de quem nunca estudou Linguística, que é a do aluno calouro, além de prover as notações matemáticas apresentadas no texto. Evidentemente os problemas porventura encontrados não se devem a qualquer daqueles a quem agradeço.

Rio de Janeiro, 8 de agosto de 2009.

PARTE 1
O que a Linguística estuda?

A Linguística estuda a linguagem. Como vários dos termos empregados na Linguística, *linguagem*, o objeto da disciplina, tem uso também no dia a dia. *Linguagem*, para a Linguística, é sempre singular, porque refere uma faculdade humana. Como tal, está radicada na mente/cérebro. Nessa perspectiva (que será aquela aqui adotada), a Linguística é uma ciência cognitiva.

A relação entre as habilidades linguísticas e o cérebro tem longa história, e os primeiros linguistas demonstraram estar a par dos progressos científicos de seu tempo que lidavam com essa relação. A linguagem, no entanto, não lhes parecia um objeto suficientemente específico para delimitar o campo da Linguística, nem a Linguística, que se via como uma ciência social, estava interessada na linguagem, mas sim no seu exercício, as línguas. Assim, nos seus primórdios, a Linguística esteve voltada para aspectos sociais e culturais das línguas. A ampliação dos horizontes da disciplina teria em Roman Jakobson uma figura-chave. Ao procurar lidar com a afasia na ótica saussureana, Jakobson lançava as bases da Neurolinguística. A perspectiva de investigação que viria a colocar a Linguística entre as ciências cognitivas tem como marco a obra do norte-americano Noam Chomsky.

Introdução

A Linguística é uma ciência relativamente recente. Suas bases datam do início do século xx, não obstante o interesse por questões que envolvam a linguagem remonte a épocas anteriores à era cristã. Talvez por ser recente, aqueles que estão envolvidos com ela ouvem perguntas como "Linguística é o quê?". Em geral, quem faz essa pergunta ouve como resposta algo como "Linguística é o estudo científico da linguagem". É por ser a *linguagem* o objeto da Linguística que o material a seguir se propõe a ser uma introdução ao estudo da linguagem.

Linguagem – e também *língua* – terá aqui significado específico, uma vez que será empregado como terminologia de uma área de conhecimento e, portanto, com significado diferente do uso não especializado. Numa rápida consulta a jornais, por exemplo, onde *linguagem* não surge como termo científico, é possível encontrá-la como sinônimo de "língua" (como em 1.1.a), como sinônimo de "formas linguísticas sem prestígio" (como em 1.1.b), ou ainda de "formas de expressão", como nos demais exemplos em (1.1) a seguir (exemplos do *corpus* Nilc, Santos e Sarmento, 2000):

> (1.1)
> a. *A **linguagem** dos balineses é amplamente impregnada de termos e expressões extraídos da briga de galos.*
> b. *Nos discursos, alguns deputados usaram **linguagem** grosseira e chula para se referir ao comentarista.*
> c. *O escritor inglês A. Alvarez publicou um livro insólito a respeito da vida noturna, da **linguagem** da noite, do sono e dos sonhos.*
> d. *Ao longo dos 82 anos de sua vida, Goya foi renovando constantemente seus temas e sua **linguagem** plástica.*
> e. *Ele foi dos poucos músicos brasileiros a ter criado uma **linguagem**.*
> f. *O basquete é uma **linguagem** universal.*
> g. *"A própria **linguagem** circense é exaltada", diz ele.*

No quotidiano, pode-se empregar o termo no plural: *as linguagens*. Em Linguística, não. Nenhum dos usos da palavra *linguagem* em (1.1) se con-

18 Introdução à (Bio)Linguística

funde com *linguagem* como termo da Linguística, como se verá ao longo deste texto.

Se a Linguística é recente, a perspectiva aqui adotada o é ainda mais, porque data de meados do século xx. A *linguagem* é o objeto da Linguística desde sempre, mas não será aqui focalizada em termos de sua expressão cultural ou social, mas como um sistema de conhecimentos internalizados na mente/cérebro do falante-ouvinte. Nessa perspectiva, a *Linguística* (ou ainda a *Biolinguística*) é uma *ciência cognitiva*[G].

> No mundo lusófono, a própria denominação Linguística teve de competir com outras. O primeiro dicionário de português que registra o substantivo Linguística é a sexta edição (1858) do *Diccionario da lingua portugueza*, do brasileiro Antonio de Moraes Silva (1755-1824). Surgia como empréstimo de um substantivo então também recente no francês, Linguistique, que, por sua vez, vinha do alemão Linguistik, criação do século anterior (Koerner, 1989a). Algumas décadas depois, já no século xx, a denominação Linguística ainda era mal aceita e competia com outros termos, como *Glotologia* e até com *Filologia*, como ilustra o pequeno trecho a seguir, que um gramático e médico brasileiro, Alfredo Augusto Gomes (1859-1924), escreveu em 1916 (apud Gurgel, 2008: 37-38):
>
> > Esse termo [Linguística] tem sido pouco a pouco substituido por outro que lhe é equivalente e preferível, o de *glottologia*, também conhecida por sciencia da linguagem, mòrmente entre os allemães e inglezes.

A Linguística se interessa mesmo pela linguagem?

Da ênfase na autonomia...

No início de século XX, quando surgiu, a Linguística lutava para apresentar-se como uma *ciência social*[G] autônoma, que não se confundia com outras ciências sociais, como a Antropologia ou a Sociologia. Seu objeto era a *linguagem*, de que a Linguística até falava, mas sempre de passagem, porque, paradoxalmente, essa "faculdade abstrata do homem" não interessava à Linguística (Câmara Jr., 1973: 24), cujos esforços deveriam recair sobre os *sistemas de linguagem*, ou línguas, que, compreendidas como códigos para a comunicação, eram

> produto social da faculdade da linguagem e conjunto de convenções necessárias, adotadas pelo corpo social, a fim de permitir o exercício dessa faculdade por parte dos indivíduos (Saussure, 1980: 25).

A existência de diferentes sistemas, ou variação em sentido amplo, é, por conseguinte, central ao estudo linguístico nessa perspectiva. Não é de estranhar que assim fosse. Afinal, é esquisito imaginar que uma ciência social poderia ter a linguagem como objeto, a não ser que a linguagem fosse compreendida como um bem cultural. Como foi para Câmara Jr., por exemplo.

Nos *Princípios de linguística geral*, Câmara Jr. (1904-1970), considerado o iniciador da Linguística no Brasil, seguia o psicólogo John B. Carrol (1916-2003) no entendimento de que era uma questão terminológica

20 Introdução à (Bio)Linguística

classificar a Linguística como uma ciência social ou um dos estudos humanísticos (Câmara Jr., 1973: 21). Na mesma obra, Câmara Jr. classificou a linguagem como uma "aquisição cultural" (Câmara Jr., 1973: 20) e, ao fazê-lo, não obstante a primeira frase do capítulo inicial desse livro definir a Linguística como a ciência da linguagem (Câmara Jr., 1973: 15), propôs, seguindo o linguista francês Antoine Meillet (1866-1936), que a linguagem não devesse ser objeto de estudo da Linguística, mas ser deixada para a Filosofia (Câmara Jr., 1973: 24).

Enfatizar que a linguagem é um fenômeno de *cultura*G e, paralelamente, destituí-la de suas raízes biológicas, a não ser no tocante à produção da voz, permitiu surgirem propostas sobre a dependência da natureza de uma língua em relação a aspectos culturais e mesmo climáticos a que estavam submetidos seus falantes, como permitiu considerar imprevisível a variação nas línguas do mundo. Afinal, as línguas poderiam diferir muito, se consideradas "convenções necessárias, adotadas pelo corpo social". Uma obra clássica pode ilustrar esse estado da arte.

Otto Jespersen (1860-1943)

[citado na trad. de Laura T. Motta para PINKER, 2004: 34-35]

> Há uma expressão que continuamente me ocorre quando penso na língua inglesa e a comparo a outras: ela parece ser positivamente e expressamente *masculina*, é a língua de um homem adulto e tem bem pouco de infantil e feminino [...].
>
> Para evidenciar um desses elementos, seleciono ao acaso, para fins de contraste, uma passagem na língua do Havaí: "I kona hiki ana aku ilaila ua hookipa ia mai la oia ke aloha pumehana loa". Assim ela prossegue, sem uma única palavra terminada em consoante e nunca encontrando duas ou mais consoantes agrupadas. Alguém pode ter dúvida de que, mesmo que essa língua soe agradável e seja repleta de música e harmonia, a impressão geral é de uma língua infantil e efeminada? Não se espera muito vigor ou energia de um povo que fala uma língua assim; ela parece amoldar-se apenas a habitantes de regiões ensolaradas onde o solo requer pouquíssimo trabalho do homem que o cultiva para produzir tudo o que ele quiser, e portanto onde a vida não traz a marca de uma luta árdua contra a natureza e os semelhantes. Em menor grau, encontramos a mesma estrutura fonética em línguas como o italiano e o espanhol; porém muito diferentes são nossas línguas setentrionais.

> O trecho de Jespersen aqui transcrito seria comentado 64 anos mais tarde por um psicolinguista, Steven Pinker (1956-). Pinker (2004: 35) registraria assim sua perplexidade:
>
>> Nenhum leitor moderno deixará de chocar-se com o sexismo, o racismo e o chauvinismo dessa argumentação: ela dá a entender que as mulheres são infantis, estereotipa um povo colonizado como indolente e exalta gratuitamente a cultura do autor. [...] A suposição de que uma língua pode ser "adulta" e "masculina" é tão subjetiva que chega a não ter sentido.

Na caracterização das línguas do mundo por Jespersen, traços da estrutura linguística revelariam características de grupos sociais, classificados a partir da correlação que o autor estabeleceu entre o número de consoantes por sílaba e o esforço na produção da voz, o que o fez inferir que essas populações tinham (des)gosto pelo trabalho. Pode-se considerar idiossincrática ou peculiar a classificação de Jespersen; havia, porém, um aspecto em que o linguista dinamarquês não se afastava muito de outras concepções sobre as línguas em seu tempo: a importância dada à produção da voz.

Essa visão se manifestaria no Brasil na obra de Câmara Jr. Nos *Princípios*, Mattoso Câmara Jr. reconheceu na linguagem um único aspecto biológico ou orgânico: o controle dos músculos envolvidos na articulação para a produção da voz. A produção de sons vocais (Câmara Jr., 1973: 20) se associava à vida mental, determinando a aderência do pensamento às palavras (Câmara Jr., 1973: 23). Fazia eco ao pensamento de Leonard Bloomfield (1887-1949), que, em *Language* (Linguagem), ressaltou o *non sequitur* em se procurarem correlações entre os interesses da Linguística e os avanços que iam sendo alcançados na Neuroanatomia e na Neurofisiologia, a ponto de igualar a linguagem a "qualquer moderna invenção", como se pode ver no excerto a seguir, cuja frase final seria transcrita por Câmara Jr. nos *Princípios* (1973: 19). Para Bloomfield (1984: 34), condições anormais em que a fala é afetada parecem refletir desajustes ou lesões e "nada esclarecem sobre o mecanismo específico da linguagem".

Leonard Bloomfield (1887-1949)

> Desde 1861, quando Broca demonstrou que danos na terceira convolução frontal no hemisfério esquerdo do cérebro eram acompanhados por afasia, tem-se discutido se "o centro de Broca" e outras regiões do córtex agem como centros específicos para a atividade da fala. Head[1] encontrou alguma correlação

entre diferentes pontos de lesão e cada um de seus quatro tipos de afasia. As identificações funcionais demonstráveis de áreas corticais sempre se relacionam a algum órgão específico: uma lesão numa área do cérebro é acompanhada por paralisia do pé esquerdo; uma lesão em outra área, pela falha nas respostas à estimulação no lado esquerdo da retina, e assim por diante. Agora, a fala é uma atividade muito complexa, na qual estimulação de todo tipo conduz a movimentos muito específicos da garganta e da boca; estes últimos, além do mais, não são, em sentido fisiológico, "órgãos da fala", porque servem a usos biologicamente mais primitivos no homem e nos animais sem fala. Muitas lesões no sistema nervoso, do mesmo modo, interferirão com a fala, e diferentes lesões resultarão em diferentes tipos de dificuldades, mas os pontos do córtex certamente não estão correlacionados a traços da fala específicos socialmente significantes, como as palavras ou a sintaxe; isto manifesta-se plenamente nos resultados contraditórios e instáveis da pesquisa para as várias espécies de "centros da fala". Podemos esperar que o fisiologista obtenha melhores resultados quando procurar correlações entre pontos do córtex e atividades fisiológicas específicas relacionadas com a fala, tais como o movimento de determinados músculos ou a transmissão de estímulos cinestésicos da laringe e da língua. O erro de se procurarem correlações entre partes do sistema nervoso anatomicamente definidas e atividades definidas socialmente surge de forma clara quando vemos alguns fisiologistas à procura de um "centro visual das palavras" que é para controle da leitura e da escrita: alguém poderia, do mesmo modo, procurar por um centro específico do cérebro para a telegrafia ou para a condução de automóveis ou para o uso de qualquer moderna invenção.

Tanto Bloomfield como Câmara Jr. não são exatamente críticos de visões localistas na relação cérebro/linguagem, isto é, de propostas que buscam especificar quais funções uma determinada região do cérebro exerce no tocante à linguagem. Sua negação de que a linguagem tenha base biológica, a não ser no tocante aos movimentos necessários para a produção de sons vocais, derivava de considerarem-na uma resultante do esforço criador do homem, um fenômeno de cultura.

Ao caracterizar a linguagem como uma atividade definida socialmente, Bloomfield proporia que o aprendizado de uma língua resulta da formação de *hábitos*, adquiridos por treinamento e por imitação (Bloomfield, 1984: 34), embora ele mesmo afirmasse que não se sabia como uma criança chegava a falar (Bloomfield, 1984: 29-30). Segundo uma definição que se tornaria bem conhecida nesse período, "uma língua é um complexo sistema de *hábitos*" (Hockett, 1958: 137 – grifo no original), sistema que poderia ser inferido do *comportamento* de fala dos indivíduos (Hockett, 1958: 322).

A Linguística desse período delineava aspectos sobre a natureza da linguagem, sobre a aquisição desse conhecimento e sobre seu uso, mas nenhuma dessas questões era centrada na mente/cérebro do indivíduo, porque a língua era um objeto social, externo, portanto, ao indivíduo. Este, como uma grande esponja, absorvia as convenções sociais e, formado o hábito e premido pela ocasião, lançava de si conjuntos de enunciados.

Apesar de a linguagem ser caracterizada como uma *faculdade*, o que a colocava como parte da natureza humana, esse aspecto não recebeu nenhuma ênfase, e não porque os pioneiros desconhecessem os avanços sobre o funcionamento do cérebro que vinham sendo alcançados e que faziam avançar outras áreas de conhecimento. Câmara Jr. (1973: 24) manifestaria o desinteresse pela linguagem e a centralidade das línguas para a Linguística:

> Nem lhe [à Linguística] interessa, a rigor, a linguagem em si mesma, considerada uma faculdade abstrata do homem. O seu objeto [...] é o estudo dos sistemas de linguagem ou línguas.

Uma das razões para os linguistas deslocarem a linguagem para segundo plano levava em conta a dificuldade em apreendê-la. Ferdinand de Saussure, considerado o fundador da Linguística, reconheceu na linguagem a potencialidade de um objeto que poderia ser reivindicado por outras áreas do conhecimento.

Ferdinand de Saussure (1857-1913)

> se estudamos a linguagem sob vários aspectos ao mesmo tempo, o objeto da Linguística nos parece um conglomerado confuso de coisas heteróclitas sem ligação. É quando se procede assim que se abre a porta a muitas ciências – Psicologia, Antropologia, Gramática Normativa, Filologia etc. – que separamos nitidamente da Linguística, mas que, por culpa de um método incorreto, poderiam reivindicar a linguagem como um de seus objetos.
>
> [...]
>
> Mas o que é a língua? Para nós ela não se confunde com a linguagem; não é mais que uma parte determinada dela, essencial, é verdade. É ao mesmo tempo um produto social da faculdade da linguagem e um conjunto de convenções necessárias, adotadas pelo corpo social para permitir o exercício dessa faculdade nos indivíduos. Tomada em seu todo, a linguagem é multiforme e heteróclita; a cavaleiro de muitos domínios, ao mesmo tempo física, fisiológica e psíquica, ela pertence sempre ao domínio individual e ao domínio social. Ela não se deixa classificar em nenhuma das categorias de feitos humanos, porque não se sabe como isolar sua unidade.

24 Introdução à (Bio)Linguística

[...]

Broca descobriu que a faculdade de falar está localizada na terceira convolução frontal esquerda; nisso se apoiaram para atribuir à linguagem um carácter natural. Mas se diz que essa localização foi constatada para *tudo* que se relaciona com a linguagem, aí compreendida a escrita, e essas constatações, em conjunto com as observações feitas sobre as diversas formas de afasia por lesão desses centros de localização, parecem indicar: 1º que os diversos problemas da linguagem oral são encadeados de muitos modos com aqueles da linguagem escrita; 2º que em todos os casos de afasia ou de agrafia o que é atingido é menos a faculdade de proferir tais ou quais sons ou de traçar tais ou quais signos que a de evocar, por um instrumento, seja qual for, os signos de uma linguagem regular. Tudo isso nos leva a crer que acima do funcionamento dos diversos órgãos existe uma faculdade mais geral, a que comanda os signos e que seria a faculdade linguística por excelência.

Essa *faculdade* multifacetada e com tantas interações não seria fácil de apreender por um método; por outro lado, os problemas seriam evitados se os esforços da nova ciência se concentrassem no exercício coletivo dessa faculdade humana, a *língua* (fr. *langue*). O exercício individual, a *fala* (fr. *parole*), essa se tornava parte secundária no estudo (Saussure, 1980: 37). Não poderia causar estranheza, portanto, ter sido a *fala* saussureana, com seu caráter individual, a fonte da primeira tentativa de descrição de um *déficit linguístico*[G] com fundamentação também na Linguística.

...à busca de integração

Marguerite Durand (1904-1962)

Em 1939, a equipe chefiada pelo neurologista Theophile Alajouanine (1890-1980), que contava com a foneticista Marguerite Durand (1904-1962) e o médico e psicólogo André Ombredane (1898-1958), publicou o que parece ser a primeira pesquisa conjunta reunindo linguistas e profissionais no cuidado da mente/cérebro sobre aspectos fonéticos afetados após uma lesão cerebral, *Le Syndrome de désintégration phonétique dans l'aphasie* (A síndrome da desintegração fonética na afasia). A *síndrome de desintegração fonética*[G] – distúrbio que afeta o controle dos músculos no momento de produção da fala, sem comprometimento da compreensão, da leitura ou da escrita – era fenômeno reconhecido pelo menos desde 1843 nos estudos sobre afasia (Lecours et al., 2001: 367-368).

Dez anos mais tarde, em 1949, ainda no quadro teórico saussureano, novamente Durand com Alajouanine e agora P. Pichot publicariam um estudo dos problemas fonéticos apresentados por um paciente bilíngue, de sobrenome Delfrique, que recebera o diagnóstico de *afasia de Broca*[G]: o paciente tivera a fonação muito afetada inicialmente, "reduzida a um sussurro indiferenciado" (Lecours et al., 2001: 369), mas não outros aspectos linguísticos.

> Cerca de dois meses após o acidente, quando a recuperação se tornou rápida, Delfrique já falava, mas muito devagar, e o próprio Delfrique escreveria a seu médico o que estava sentindo (apud Lecours et al., 2001: 369):
>
>> Doutor, eu quero explicar-lhe por que eu silabo. Num estado normal, o pensamento se exprime pela palavra, automaticamente, não nos preocupamos ou nos preocupamos muito pouco com a articulação, pela força do hábito, ela se torna "maquinal". Há quatro semanas atrás, tudo que vinha em minha boca quando eu queria dizer uma palavra saía um ronco. Um dia, eu consegui pronunciar "a", "i", depois, "a", "e", "i", "o", "u"; nos dias seguintes, eu consegui algumas sílabas e palavras que começavam por vogais. Só há uns dez dias é que consegui dizer "sim". Desde que eu estou aqui, mal consegui vencer os "j", "g", "l". Faz três dias que eu consegui dizer o nome de meu filho "Jean", eu não podia dizer "le", "la", "les" (em português, 'o', 'a', 'os'). Eu preciso silabar porque a articulação é preguiçosa. Ela não é mais automática, mas precisa ser comandada. Eu preciso pensar na palavra que eu quero dizer e na sua forma de dizer, de articular. Se eu quero dizer "bonjour" ('bom dia'), o hábito não intervém, não é mais automático, se eu não prestar atenção eu vou dizer "boso". Se eu disser "le", "la" sem prestar atenção, eu vou dizer "de", "da". Por isso é preciso que eu articule cada vogal, cada consoante, enfim, cada sílaba [...]. Estando morto o motor, o mecanismo que o fazia funcionar ficou bloqueado.

Aparentemente esses trabalhos não encontrariam eco entre linguistas, mas houve pelo menos uma exceção: o linguista russo Roman Jakobson.

Roman Jakobson (1896-1982)

Para Roman Jakobson,

> [a] Linguística interessa-se pela linguagem em todos os seus aspectos – pela linguagem em ato, pela linguagem em evolução, pela linguagem em estado nascente, pela linguagem em dissolução (Jakobson, 1971a: 34).

Jakobson retomaria o trabalho de Alajouanine, Durand e Ombredane ainda em 1942, e viria a propor que

> a dissolução [do sistema fônico] apresenta uma ordem temporal de grande regularidade. A regressão afásica se revelou um espelho da aquisição de sons da fala pela criança; ela nos mostra o desenvolvimento da criança ao inverso (Jakobson, 1971a: 35-36).

Essa hipótese seria falsificada pouco tempo mais tarde, mas o trabalho de Jakobson contribuiria, como ele próprio reconheceu, para "criar um novo campo interdisciplinar, conhecido atualmente como Neurolinguística" (Jakobson e Pomorska, 1988: 130).

Diferentemente de Durand e seus colegas, Jakobson não se centraria na *fala*, mas na *langue* saussureana. Com base na oposição entre os dois eixos da análise linguística saussureana, o eixo das *relações sintagmáticas* (ou o contexto formado pelas unidades linguísticas ao se combinarem) e o eixo das *relações associativas* ou *paradigmáticas* (em que os elementos linguísticos podem ser substituídos por outros de mesma categoria), Jakobson deduziria dois tipos polares dentre os variados tipos de afasia. Às *relações sintagmáticas* Jakobson (1971a: 39) vinculou as operações de *combinação* e *contextura*, porque "qualquer unidade linguística serve, ao mesmo tempo, de contexto para unidades mais simples e/ou encontra seu próprio contexto em uma unidade linguística mais complexa". Às *relações associativas* Jakobson (1971a: 40) atribuiu as operações de *seleção* e *substituição*.

> Distinguimos [...] dois tipos fundamentais de afasia – conforme a deficiência principal resida na seleção e substituição, enquanto a combinação e a contextura ficam relativamente estáveis; ou, ao contrário, resida na combinação e contextura, com uma retenção relativa das operações de seleção e de substituições normais (Jakobson, 1971a: 42).

Esses dois polos estariam ligados a dois conceitos fundamentais na obra de Jakobson: os conceitos de *metáfora* (as associações por similaridade) e de *metonímia* (as associações por contiguidade). O *distúrbio da similaridade* redundaria em problemas na escolha das unidades linguísticas; o *distúrbio da contiguidade* redundaria em problemas de combinação das unidades. Mais tarde, após o contato com o psicólogo, também russo como ele, Alexander Luria (1902-1977), Jakobson introduziria uma série de mudanças em sua proposta de classificação (Ahlsén, 2006: 29-30).

O ambiente intelectual para a interação entre a pesquisa em Linguística e as ciências cognitivas, particularmente as áreas voltadas para a afasia, não era propício, porém. Em 1956, segundo Jakobson, o desinteresse não podia ser colocado apenas na conta dos linguistas, que tinham

> sua parte de responsabilidade no atraso em empreender uma pesquisa conjunta sobre afasia. Nada de comparável às minuciosas observações linguísticas feitas em crianças de diferentes países foi realizado no que concerne aos afásicos. Tampouco houve qualquer tentativa de reinterpretar e sistematizar, do ponto de vista da Linguística, os múltiplos dados clínicos referentes aos diversos tipos de afasia (Jakobson, 1971a: 34).

Roman Jakobson queixava-se de que

> essa legítima insistência na contribuição dos linguistas às pesquisas sobre a afasia é ainda ignorada. Um livro recente, por exemplo, que trata extensamente das complexas e múltiplas implicações da afasia infantil, faz um apelo em prol da coordenação de várias disciplinas e reclama a cooperação de otorrinolaringologistas, pediatras, audiólogos, psiquiatras e educadores; todavia a ciência da linguagem passa em silêncio como se as perturbações da percepção da fala não tivessem nada a ver com a linguagem (Jakobson, 1971a: 35).

Cerca de cinquenta anos depois, as palavras de Jakobson ainda não podem ser consideradas apenas um retrato do passado. Um livro recente com o título de *Neurociência da mente e do comportamento*, lançado em 2008, não inclui a Linguística na Neurociência. O efeito dessa exclusão aparece, por exemplo, na caracterização linguística impressionística de um dos tipos de afasia como "fala obstruída e escassa".

Jakobson (1971a: 36) proporia um programa metodológico para aqueles linguistas que enveredassem por esse caminho na pesquisa:

> A aplicação de critérios puramente linguísticos à interpretação e classificação dos fatos da afasia pode contribuir, de modo substancial, para a ciência da linguagem e das perturbações da linguagem, desde que os linguistas procedam com o mesmo cuidado e precaução ao examinar os dados psicológicos e neurológicos como quando tratam de seu domínio habitual. Primeiramente, devem familiarizar-se com os termos e procedimentos técnicos das disciplinas médicas que tratam da afasia; em seguida, devem submeter os relatórios de casos clínicos a uma análise linguística completa; ademais, eles próprios deveriam trabalhar com os pacientes afásicos a fim de abordar os casos diretamente e não somente através de uma reinterpretação das observações já feitas, concebidas e elaboradas dentro de um espírito totalmente diferente.

Noam Chomsky (1928-)

A grande mudança no interesse da Linguística pela linguagem e sua aproximação das ciências cognitivas viria no final da década de 1950 com Noam Chomsky, fundador da teoria que se tornaria conhecida como *gramática gerativa*. A influência de Chomsky foi por vezes denominada *a revolução chomskyana*, ou ainda a *revolução cognitiva*.

A Linguística estava até então preocupada com a *variação* entre os sistemas linguísticos. A *gramática gerativa* passava a não considerar essa a questão importante, introduzindo em seu lugar a metáfora do *desenvolvimento*, que significa "literalmente, o desdobrar ou desenrolar de algo que já está presente e em certo sentido pré-formado" (Lewontin, 2002: 11), sendo o papel do ambiente servir de gatilho (outra metáfora) para o início do processo e prover as condições mínimas para o desenvolvimento dos estágios internamente programados (Lewontin, 2002: 19). É nesse sentido que começa a ser empregado o termo *Biolinguística*, cuja difusão Chomsky atribui à obra de Lyle Jenkins, publicada em 1999 e intitulada *Biolinguistics: Exploring the Biology of Language* (Biolinguística: explorando a biologia da linguagem), cujo

> tópico são os estados particulares de indivíduos, principalmente seus cérebros: dê-se a eles o nome "estados linguísticos". Procura revelar a natureza e propriedades de tais estados, seu desenvolvimento e variedade, e suas bases na dotação biológica inata. Essa dotação parece determinar uma "faculdade da linguagem" que é um componente distintivo das faculdades mentais mais elevadas [...] uma "propriedade da espécie" [...] (Chomsky, 2000: 1-2).

Chomsky afastou a pesquisa gerativista, como frisaria Eric Lenneberg (1973: 55, grifo no original), da visão de que a linguagem é "um fenômeno puramente aprendido e cultural [...], a veste artificial de uma capacidade geral e amorfa denominada *inteligência*". A natureza do conhecimento linguístico, a origem desse conhecimento e o uso linguístico passaram a constituir a base de um programa de investigação, guiado pelo conjunto de questões que se segue (adaptado de Chomsky 1986 e Chomsky 1988):

> NATUREZA DO CONHECIMENTO LINGUÍSTICO
> O que constitui o conhecimento linguístico? Que sabemos quando falamos e compreendemos uma língua como o português, por exemplo?

ORIGEM DO CONHECIMENTO LINGUÍSTICO

Como esse conhecimento se desenvolve na mente do falante? Que tipo de conhecimento a criança já traz ao nascer que lhe permite a aquisição tão rápida de uma ou mais línguas maternas?

USO LINGUÍSTICO

Como esse conhecimento é posto em uso em situações concretas?

BASE FÍSICA DO CONHECIMENTO LINGUÍSTICO

Quais são os mecanismos físicos que servem de base material para esse sistema de conhecimento e para o uso desse conhecimento?

Diferentemente da luta pela afirmação da autonomia da Linguística, tanto no seu objeto como na sua metodologia, presença constante nos textos de meados do século XX, a visão chomskyana integrou a Linguística e a Psicologia: "[n]a minha opinião, não se pode falar de 'relações' entre a Linguística e a Psicologia, pois a Linguística faz parte da Psicologia (Chomsky, s.d.: 53)", e, de forma mais ampla, da Biologia (Chomsky, 2000: 1), deixando a antevisão, num futuro distante, da unificação das ciências do cérebro e das faculdades mentais mais elevadas, entre as quais está a linguagem (Chomsky, 2006: 73).

É nessa tradição que se insere o que se segue.

NOTA

[1] Referência à obra de Henry Head (1861-1940), *Aphasia and Kindred Disorders of Speech* (Afasia e desordens da fala relacionadas), de 1926. Head, defensor de uma visão holística dos processos mentais, foi crítico severo de propostas localistas como a de Broca. Para breve panorama, veja Ahlsén (2006).

A Linguística e o problema mente-corpo

Há pelo menos uma questão que perpassa toda a seção anterior – com raízes na Filosofia – para que os linguistas do início do século xx não estivessem interessados em utilizar, na teoria linguística, o conhecimento advindo do estudo de déficits linguísticos ou do funcionamento da linguagem num cérebro normal. Era a concepção de que as atividades mentais – a linguagem entre elas – são completamente separadas das atividades corporais. Na literatura a questão vem em geral referida como o ***problema mente-corpo***[G]. Em resumo: a *mente* – empregada às vezes a palavra *alma*, ou ainda *espírito* ou *vontade*, em lugar de *mente* – existe em separado do *corpo*? Quem acha que sim é referido como *dualista*. Por outro lado, quem considera a atividade mental indissociável do funcionamento cerebral é referido como *monista*.

A perseveração do ***dualismo***[G] na ciência é atribuída à influência do filósofo e matemático francês René Descartes (1596-1650), embora o dualismo tenha raízes bem mais antigas, que podem recuar, no Ocidente, pelo menos até Aristóteles (384-322 a.C.). O excerto a seguir, extraído de *Discurso do método* (1977: 52), é uma ilustração da visão dualista que marca a obra cartesiana:

> Disto conheci ser eu uma substância cuja essência ou natureza era apenas e inteiramente pensar e que, para existir, não precisa de qualquer lugar nem depende de qualquer coisa material. De sorte que este eu, ou seja, a alma pela qual sou o que sou, é inteiramente distinta do corpo e até mais fácil de conhecer do que ele.

Quanto ao ***monismo***[G], vem sendo defendido, na atualidade, na ***Neurociência***[G]. Uma forma simples de colocar essa perspectiva: "até as atividades mentais mais simples podem ser interrompidas por doenças cerebrais" (Goldberg, 2006: 30).

Em 1994, o neurologista português radicado nos EUA Antônio Damásio (1944-) focalizou o problema mente-corpo e tratou o dualismo como *o erro de Descartes*:

> É esse o erro de Descartes: a separação abissal entre o corpo e a mente, entre a substância corporal, infinitamente divisível, com volume, com dimensões e com um funcionamento mecânico, de um lado, e a substância mental, indivisível, sem volume, sem dimensões e intangível, de outro: a sugestão de que o raciocínio, o juízo moral e o sofrimento adveniente da dor física ou agitação emocional poderiam existir independentemente do corpo.
> Especificamente: a separação das operações mais refinadas da mente, para um lado, e da estrutura e funcionamento do organismo biológico, para outro (Damásio, 1996: 280).

Para defender sua proposta, Damásio discutiu um caso clínico, o de Phineas Gage. Em 1848, aos 25 anos, Gage era capataz de construção civil na Nova Inglaterra (EUA), considerado um trabalhador exemplar pelos superiores, especialmente no preparo de detonações. Um descuido enquanto trabalhava, porém, o levou a um erro – o de não se afastar o suficiente da área de explosão no momento da detonação das cargas de dinamite –, com consequências graves para ele. A barra de ferro que segurava antes da explosão entra "pela face esquerda de Gage, trespassa a base do crânio, atravessa a parte anterior do cérebro e sai a alta velocidade pelo topo da cabeça", caindo a mais de trinta metros (Damásio, 1996: 24).

Fig. 1 – Phineas Gage e a barra de ferro que o atingiu.

Gage não vem a falecer com o acidente. Fica cego do olho esquerdo, mas "podia tocar, ouvir, sentir, e nem os membros nem a língua estavam paralisados" (Damásio, 1996: 28). Morreria treze anos mais tarde, depois de sofrer uma grande convulsão, com que perdeu a consciência, não mais recobrada. Seguiram-se convulsões contínuas, que duraram pouco mais de um dia, quando veio a falecer (Damásio, 1996: 30).

Após o acidente, o comportamento de Gage sofreria uma transformação. Desaparece o homem responsável, trabalhador e surge um homem de linguagem obscena, bêbado, brigão, incapaz de se manter num emprego. Os dois Gages levaram Damásio a defender a indissociabilidade de corpo e mente:

> [a] observância de convenções sociais e regras éticas previamente adquiridas poderia ser perdida como resultado de uma lesão cerebral, mesmo quando nem o intelecto de base nem a linguagem mostravam estar comprometidos. Involuntariamente, o exemplo de Gage indicou que algo no cérebro estava envolvido especialmente em propriedades humanas únicas e que entre elas se encontra a capacidade de antecipar o futuro e de elaborar planos de acordo com essa antecipação no contexto de um ambiente social complexo; o sentido de responsabilidade perante si próprio e perante os outros; a capacidade de orquestrar sua própria sobrevivência sob o comando do livre-arbítrio (Damásio, 1996: 30-31).

Damásio não vê a atividade mental como um software a ser rodado no *hardware* cerebral, segundo ele uma metáfora atualizada do dualismo. Caso se tome imagem da máquina de teletransporte (Penrose, 1993: 27-28), comum na ficção quando se retrata o futuro, para um monista como Damásio, o viajante escaneado para o teletransporte seria reconstruído no outro planeta com suas memórias, esperanças, planos, e o original poderia ser apagado com segurança. Para um dualista, como Descartes, seria possível escanear todo o corpo do viajante, mas não sua atividade mental.

Pode parecer paradoxal, mas a tradição científica em que Damásio foi formado (ou qualquer outro cientista moderno) é, em última análise, proveniente do dualismo cartesiano, do modelo mecânico expresso na metáfora do "corpo como uma máquina" (Descartes, 1977: 74), em que cada peça é identificada e decomposta em unidades mais simples, tem uma função, que se relaciona com as funções das demais peças, e compõe o funcionamento do todo que é a máquina. A "separação abissal" entre corpo e alma/mente introduzida pelo método científico cartesiano permitiu que a ciência evitasse problemas de cunho religioso e, ao mesmo tempo, permitiu a compreensão da natureza em termos físicos e os êxitos científicos modernos.

Restringindo o problema mente-corpo à linguagem – tradicionalmente considerada uma atividade da mente (veja, por exemplo, Câmara Jr., 1973) –, não há como deixar de observar que um problema físico como aquele apresentado no caso estudado por Guindaste (1996), por exemplo, interfere profundamente na produção linguística do indivíduo.

Guindaste (1996) estudou o déficit linguístico de um indivíduo do sexo masculino, 60 anos, funcionário público aposentado, com o ensino médio de escolaridade.

> Em 1981 o paciente estudado por Guindaste recebeu o diagnóstico de um aneurisma e foi submetido a uma cirurgia. Em dezembro de 1982 apresentou um acidente vascular cerebral (AVC) "diagnosticado pela arteriografia cerebral como rotura de aneurisma arterial (artéria cerebral média esquerda – ACM). O diagnóstico tomográfico revelou área de enfarto cerebral têmporo-parieto-occipital esquerdo" (Guindaste 1996: 89).

O resultado linguístico do quadro físico desse indivíduo foi caracterizado como *agramatismo*G, porque a afasia afetou elementos gramaticais como, por exemplo, a flexão verbal. Pequenos trechos de diálogo entre o paciente (P) e o pesquisador (INV) são reproduzidos em (1.2) a seguir (Guindaste, 1996: 113-114), a título de ilustração.

(1.2)
a.
INV.: – O que aconteceu?
P.: – **Quase caiu.**
INV.: – Quase ou caiu?
P.: – **Caiu.**
INV.: – O que caiu?
P.: – **Fotos.**
INV.: – Então fala... As três fotos caíram.
P.: – **Três fotos.**
INV.: – Caíram.
P.: – **Caindo, cairos, caindo, cair.**

b.
INV.: – O que ele está fazendo?
P.: – **Pulas. Cavalo.**

c.
INV.: – Leia a manchete. Boatos marcam.
P.: – **Boatos marcos.**

d.
INV.: – O que ele foi fazer na Unicamp?
P.: – **Foi lá na... Como chama é...**
INV.: – Foi inau...
P.: – **Inauguras.**
INV.: – Ele foi inaugurar. Ele já...
P.: – **Inaugurando, inaugurandos.**

Os trechos em (1.2) evidenciam a dificuldade para se defender que a linguagem é uma atividade puramente cultural, desgarrada do cérebro onde é gerada; ou que os homens falam porque formaram hábitos ao longo da vida através de treinamento.

Uma mudança fundamental: o conceito de língua

Para precisar do que se fala quando um estudo gerativo emprega o termo *língua*, introduzem-se dois conceitos: *competência*[G] e *desempenho*[G] (ing. *performance*). A competência pode ser também designada por *língua-I*[G]; o desempenho dos diversos falantes produz a *língua-E*[G].

> *Competência* é outro termo que tem uso especializado em Linguística, não se confundindo nem com o uso jurídico do termo nem com a excelência de conhecimentos ou de habilidades numa área. Tampouco refere-se às qualidades de bom orador ou escritor.

O termo *competência* refere-se ao conhecimento linguístico que permite a fluência que caracteriza um falante-ouvinte na sua língua nativa. Para a Linguística, na visão aqui adotada, as línguas interessam enquanto conhecimento linguístico radicado na mente/cérebro, isto é, enquanto *competência* ou *língua-I*. *Desempenho*, por sua vez, refere-se ao uso linguístico do falante-ouvinte em situações concretas, isto é, aos enunciados que produz em sua língua nativa, bem como o que ele entende do que os outros disseram.

Entendidas como resultado da interação entre desenvolvimento e aprendizado, as gramáticas das diferentes línguas, ou a língua-I de cada uma delas, são o campo de teste da teoria linguística. As línguas permitem aos linguistas testar suas hipóteses sobre a linguagem. Por exemplo: que características comuns as línguas apresentam, não obstante as diferenças facilmente atestadas entre elas? Existiriam gramáticas biologicamente impossíveis?

O desempenho não reflete diretamente a competência porque pode ser afetado por fatores externos ao conhecimento linguístico, tais como cansaço, uso de drogas ou de álcool, limitações de memória... Daí a referência na pesquisa linguística ao *falante-ouvinte ideal*, idealização que se refere à competência não afetada por fatores externos. Para estudar uma língua enquanto conhecimento linguístico, é necessário lançar mão de evidências indiretas, uma vez que não é possível observar a mente de modo direto. Essas evidências são dados de língua-E, não somente do uso adulto normal como também de dados de aquisição de língua materna, de indivíduos com déficit linguístico ou de dados obtidos em experimentos. Em outras palavras, é necessário confrontar as hipóteses sobre o sistema internalizado com o desempenho linguístico, para se chegar a compreender as línguas e também a linguagem.

Na tradição em que este texto se insere, uma língua interessa para a Linguística enquanto *competência*, um sistema *internalizado* (faz parte da mente/cérebro). Esse sistema é também caracterizado como *individual* (cada falante tem um) e *intensional*. No termo *língua-I*, a vogal <I> depois do hífen indica *internalizada*. Por ser internalizada, pode-se acrescentar que é também *individual* e *intensional*. Distingue-se de outra idealização: a *língua-E*, externa ao indivíduo e uma noção social. A nomenclatura *língua-E* tem em <E> a referência a *externa* e, pode-se acrescentar, tem também caráter *extensional*.

A expressão *língua materna* refere-se à língua-I resultante da experiência linguística na família, a primeira ou a única língua que o indivíduo desenvolveu. Pode haver situações em que os pais se dirigem regularmente à criança cada um em sua própria língua materna, fazendo com que a criança desenvolva duas línguas maternas – isto é, seja bilíngue.

A expressão *língua nativa* refere-se à língua-I desenvolvida com a experiência obtida na comunidade em que o indivíduo está inserido. Num ambiente monolíngue, a língua da comunidade é também a língua empregada em casa. Ambas as denominações, *língua nativa* e *língua materna*, são, neste texto, sinônimas.

A expressão *língua nativa*, frequente na literatura linguística, não significa que o indivíduo nasce falante de uma língua. O mesmo se aplica à expressão *falante nativo*: um *falante nativo de português* não nasceu falante de português, mas tem o português como língua nativa, o que é indicativo do mais alto grau de domínio de uma língua.

A denominação *primeira língua*, ou, abreviadamente, *L1*, é empregada como sinônimo de *língua materna* ou *língua nativa*; no entanto *L1* pressupõe que o falante desenvolveu uma *segunda língua* (abreviadamente, *L2*) além da língua nativa.

Não se fala de erro?

Muito do que se escreveu no âmbito da tradição gramatical greco-latina teve relação com a noção de *erro*, entendida como desvio de um padrão linguístico estabelecido como norma. Essa noção não tem interesse aqui.

Há dois tipos de erro que servem o estudo do conhecimento linguístico: um está ligado à competência e o outro, ao desempenho. No primeiro tipo estão as estruturas que não são atestadas porque, de fato, não existem. São sequências que fogem à *gramaticalidade*[G], isto é, são *agramaticais*. Nos estudos linguísticos, essas estruturas são marcadas com um asterisco anteposto a elas e funcionam como evidência de violação aos requisitos da gramática daquela língua e/ou de requisitos universais. Afinal, faz parte da competência de um falante-ouvinte saber o que pode e o que não pode ser um enunciado de sua língua, isto é, parte do conhecimento linguístico permite ao falante nativo os *julgamentos de gramaticalidade*[G]. Por exemplo: qualquer falante nativo de português é capaz de reconhecer dentre os enunciados em (1.3), os que são *gramaticais* daquele que é *agramatical*.

(1.3)
a. Pedro admira Cris.
b. Pedro se admira.
c. *Pedro se admira Cris.

O *asterisco* tornou-se amplamente utilizado na teoria gerativa como marca de agramaticalidade. É simples perceber a agramaticalidade de uma frase como:

*gato o morreu não mas

Por vezes, porém, a (a)gramaticalidade parece mais uma questão de grau. Nesses casos o asterisco continua a assinalar a agramaticalidade indiscutível, mas cria-se uma sequência de pontos de interrogação que marcam diferentes níveis num contínuo de estranhamento até o asterisco, como exemplificado a seguir: ?, ??, *.

Outros símbolos também são empregados, embora sem muita padronização. Por exemplo:

%	forma dialetal;
! ou #	não aceitável semanticamente.

38 Introdução à (Bio)Linguística

O segundo tipo de erro diz respeito ao desempenho – e, assim, é objeto de uma disciplina relacionada, a *Psicolinguística*. Conhecer uma língua não impede que, em situações concretas, um falante normal possa incorrer num erro momentâneo, comumente referido como *lapsus linguae*. Aitchison (1994: 19) levanta dois grandes grupos de erros: *erros de junção* (ing. *assemblage errors*) e *erros de seleção*. No primeiro caso, a ordem dos elementos é afetada. Um exemplo. Numa entrevista na Rádio CBN ("Jornal da CBN", 20 jun. 2008) acerca da chamada *lei seca* no trânsito, o entrevistador perguntava ao entrevistado o quanto de sangue podia haver no álcool com a nova lei, quando o esperado seria o oposto, isto é, quanto de álcool passava a ser aceito no exame de sangue de um motorista.

Os *erros de seleção* podem ser decorrentes da similaridade sonora, da similaridade existente entre os significados de palavras distintas ou de ambos (Aitchison, 1994: 19). Alguns exemplos.

(1.4)

a. As suas opiniões estão sendo *relevadas* para segundo plano (Record – "O Aprendiz 6", 21 maio 2009). Forma esperada: *relegadas*.

b. Houve um *período de euforia* (Band – "Brasil Urgente", 30 mar. 2009 – bombeiro relatando reação das mães a acidente em que caminhão entrou pelo portão de jardim de infância). Forma esperada: *período/princípio de histeria*.

c. Os corpos devem *submergir à superfície* (Rádio CBN, 05 jun. 2009 – informe sobre a busca aos passageiros e tripulantes do voo AF447, desaparecido quando sobrevoava o Atlântico). Forma esperada: *emergir* ou *subir à superfície*.

d. ...já que as drogas são *permitidas* por lei... (Band – "Jornal da Band", 15 jun. 2009 – entrevista com o pró-reitor da PUC-SP sobre a proibição de maconha no *campus*). Forma esperada: *proibidas*.

Se alguém chamasse a atenção dos falantes que produziram os enunciados em (1.4), muito possivelmente eles perceberiam o engano – ou então não seria engano, mas apenas desconhecimento.

Popularmente se generalizou a crença de que casos como os de (5.2), decorrentes de seleção errada de um termo, seriam *atos falhos*, que trairiam, involuntariamente, pensamentos secretos daquele que os cometeu. Não é essa a discussão que interessa à Psicolinguística. Esses erros são importantes para a compreensão, por exemplo, de como seria o acesso ao dicionário mental. Não são indicativos, de forma alguma, de que um falante não tem a competência de um falante nativo, mas sim de que houve alguma interferência no momento em que falava.

Caracterizando a língua-I

A expressão *língua-I* refere-se a um sistema abstrato. Ela combina um sistema computacional e um léxico, de onde seleciona itens para formar a expressão linguística.

Como ninguém nasce falante de uma língua, propõe-se que o ponto de partida da língua-I, ou *estágio inicial* (E_0), é comum a todos os seres humanos ao nascerem, desde que sem danos cerebrais. E_0 representa o conhecimento denominado *gramática universal* (GU), ativado a partir da exposição a dados linguísticos. O processo de aquisição será uma sequência de estágios (ou de línguas-I) intermediários até que o indivíduo alcance o *estágio relativamente estável* de um falante adulto. É a esse estágio que a denominação *língua-I* fará referência neste texto. A seguir, um pouco sobre os três *is* – de *internalizada*, *individual* e *intensional*.

Internalizada

Uma língua existe na mente/cérebro de cada falante, que, em situações normais, desenvolveu-a num período específico da vida a partir de uma dotação genética comum à espécie. Uma *língua* é, por conseguinte, o resultado da interação do *estágio inicial*, comum à espécie, com os dados do ambiente linguístico, indispensáveis para disparar o processo de desenvolvimento linguístico que culminará na obtenção da competência de um falante adulto, ou *estágio relativamente estável*.

Língua-I difere de *língua-E*, conjunto de estruturas compartilhadas por um grupo. Neste sentido, ou seja, como *língua-E*, uma língua é um construto "compreendido independentemente das propriedades da mente/cérebro" (Chomsky, 1988: 20). A língua-E é externa ao indivíduo. Não é um sistema, mas aquilo que o indivíduo ouve, resultado do uso de diferentes gramáticas.

40 Introdução à (Bio)Linguística

Uma vez que vive em sociedade e numa determinada época, um indivíduo ouvirá mais alguns tipos de construções que outros.

Individual

Cada indivíduo constrói a gramática de sua língua numa época específica da vida (a infância), com base no que ouve a seu redor. A percepção de que não há dois falantes que compartilhem exatamente a mesma gramática é antiga na Linguística e já estava na origem da noção de *idioleto*. No passado, tal noção estava centrada no uso, seu interesse voltado para o quanto um determinado indivíduo se distanciava de sua comunidade linguística e o quanto seu desempenho tinha em comum com o de outros indivíduos do mesmo grupo, servindo ainda para definir a noção de erro em relação à norma. Em outros termos, *idioleto* referia-se à *língua-E*.

Na visão gerativa, *individual* opõe-se também a *social*, mas como a representação de propriedades da mente/cérebro que pertencem a toda a espécie e não no antigo sentido de idioleto anteriormente apresentado, que busca medir o quanto um indivíduo difere do grupo social. *Individual*, no sentido gerativo, não reflete distanciamento do indivíduo em relação ao grupo, porque tem como pano de fundo a idealização de uma *comunidade linguística homogênea*. Não porque se imagine que possa existir uma comunidade linguística homogênea, mas como necessidade metodológica, pois

> [a] despeito da variação na experiência, [...] as crianças frequentemente alcançam o mesmo sistema estrutural desenvolvido. A experiência inicial pode variar indefinidamente, mas as gramáticas exibem estabilidade estrutural e variam apenas de modo limitado. É essa estabilidade estrutural que nos permite a intercomunicação (Lightfoot, 1999: 78; veja também Chomsky, 1988: 36).

O interesse pelo aspecto individual não leva ao interesse pela variação linguística, mas à busca de o que seria comum.

Intensional

A distinção entre *intensional* (com <s>) e *extensional* foi tomada da Matemática. Uma ilustração.

Para definir o conjunto de palavras com o significado "só x" em tagalo, língua austronésia das Filipinas, exemplificado em (1.5) a seguir (exemplos extraídos de Gleason Jr., 1978: 96), em que "x" representa uma palavra sem essa restrição, uma possibilidade é listar todos os prefixos que entram em formações desse tipo (1.6) – uma definição *extensional*.

(1.5)
/isá'/	'um'	/iisá/	'só um'
/dalawá/	'dois'	/dadalawá/	'só dois'
/tatló/	'três'	/tatatló/	'só três'
/píso/	'peso'	/pipíso/	'só um peso'

(1.6)
prefixo   /i-/
          /da-/
          /ta-/
          /pi-/ etc.

Por seu turno, uma definição *intensional* lança mão das condições para pertencer a esse conjunto: no caso (1.5), apontaria a reduplicação parcial da primeira sílaba da raiz, algo como (1.7).

(1.7)
Dada uma palavra P, cuja estrutura é $(xy... n)_p$, duplique x.

O exemplo é simplista, mas procura demonstrar que tanto (1.6) como (1.7) dão conta dos dados. Uma definição extensional, como aquela em (1.6) pode dar conta corretamente dos enunciados que são produzidos/ouvidos, mas deixará de fora as propriedades da gramática que gerou aqueles enunciados – nem se importará com isso.

O que está por trás dessa distinção é, novamente, a distinção entre língua-I e língua-E. Em outras palavras: teoricamente importa não apenas a descrição dos dados, mas a explicação de como uma gramática reflete as propriedades da mente/cérebro.

Uma questão controversa: a intuição como ferramenta

De quantos dados preciso?

Na atualidade há uma variedade de *corpora* que atingem muitos milhões de dados, como o *Corpus do Português*, o *Banco do Português*, o *CetenFolha*, para citar alguns. A gramática gerativa tem olhado esses *corpora* sem maior interesse – ou, caso de Chomsky, até mesmo como perda de tempo – "você não toma um *corpus*G: faz perguntas" (entrevista a Bas Aarts, apud Aarts, 2000: 6). E isso principalmente por duas razões.

Primeiramente, estão em jogo duas visões diferentes acerca de como se deve conduzir uma pesquisa. A perspectiva gerativa é *racionalista*G: o conhecimento deriva de princípios radicados na mente; a chamada *Linguística de Corpus* é *empirista*, o conhecimento deriva de generalizações e associações acerca dos dados. Os *corpora* pressupõem uma visão indutiva da pesquisa, segundo a qual uma massa de dados faz emergir generalizações sobre uma língua e permite perceber quais dados têm ocorrência mais provável. Como nota até mesmo um dos defensores da *Linguística de Corpus*, Bas Aarts (2000: 7), os estudos que não vão além de demonstrar, por exemplo, que há 435 ocorrências da conjunção *because* numa categoria específica de língua escrita em inglês, ao passo que há apenas 21 ocorrências em conversações, levam à pergunta "E daí?". Os dados não falam por si sós; os dados só fornecem respostas se o pesquisador tem perguntas.

Em segundo lugar, o *corpus* é um exemplo de língua-E. As generalizações obtidas pelo linguista podem ser descritivamente adequadas, mas aí reside outro problema para os gerativistas: o trabalho do linguista tem de ser preditivo e, por conseguinte, ultrapassar os limites do *corpus*. Um *corpus*, seja de que tamanho for, jamais permitirá perceber, por exemplo, o que é impossível numa língua. Também não permitirá dizer se o que não ocorre nele é indicativo de agramaticalidade ou resultante de um viés do próprio *corpus*. Essa diferença entre a busca pelo que é (im)possível e pelo que é provável está na origem de uma das famosas estocadas chomskyanas, quando apontou que a frase "I live in New York" ('Vivo em Nova York') é mais frequente que "I live in Dayton, Ohio" ('Vivo em Dayton, Ohio') porque vive muito mais gente numa cidade que em outra, algo como mais de oito milhões contra menos de duzentos mil (dados demográficos extraídos de *Wikipedia*) – e isso seria irrelevante para uma teoria da linguagem.[1]

Não conferir a um *corpus* maior importância significaria que não há necessidade de a pesquisa usar dados? Não é necessário fazer a pergunta acerca de quantos informantes o linguista precisa?[2]

Entra aqui a questão controversa anteriormente mencionada: a intuição, empregada como fonte de dados e como argumento.

Competência, desempenho e dados

A teoria da gramática está voltada para a competência, a que não se tem acesso de forma direta, mas apenas por meio do desempenho; no entanto, o desempenho "só é um reflexo directo da competência no caso de vigorarem as condições ideais" (Chomsky, 1975: 84), a saber,

> um falante-ouvinte ideal, situado numa comunidade linguística completamente homogénea, que conhece a sua língua perfeitamente, e que, ao aplicar o seu conhecimento da língua numa performance efectiva, não é afectado por condições gramaticalmente irrelevantes, tais como limitações de memória, distracções, desvios de atenção e de interesse, e erros (casuais ou característicos) (Chomsky, 1975: 84).

Se o desempenho é apenas um reflexo indireto da competência (Chomsky, 1975: 84), como, então, obter informação sobre a competência? A resposta que os gerativistas têm privilegiado desde os primeiros tempos é: *através da intuição*[G], que permite ao falante *julgamentos* imediatos sobre a gramaticalidade ou a agramaticalidade de enunciados de sua língua nativa.

44 Introdução à (Bio)Linguística

> Talvez o veio mais rico de evidência prontamente disponível que temos sobre a natureza da competência gramatical repousa nas intuições de falantes nativos sobre a *gramaticalidade* e *interpretação* de palavras, sintagmas e sentenças em sua língua nativa (Radford, 1997: 3).

A intuição linguística tem sido não apenas a fonte mais rica de evidências como, muitas das vezes, a única, seja a intuição do próprio linguista ou a de outros indivíduos, também falantes nativos. O recurso à *intuição* pode ser de dois tipos (Wasow e Arnold, 2005: 1.482):

> (a) *intuições primárias*, de um falante sobre sua língua nativa, que lhe permitem decidir se um enunciado é ou não um erro de desempenho (ou mesmo uso de outro dialeto ou de outro estilo);

> (b) *intuições secundárias*, que são intuições acerca de por que uma dada expressão é ou não bem-formada ou tem o significado que tem.

Um comentário extraído de um texto introdutório de sintaxe (Radford, 1997: 102-103) ilustra este segundo tipo:

> [...] como sabemos (e como podemos testar) se as afirmações sobre as estruturas em árvore são verdadeiras. Até agora confiamos inteiramente na intuição para chegar às representações estruturais – com efeito, adivinhamos a estrutura. Contudo é bobagem confiar apenas nas nossas intuições na tentativa de determinar a estrutura de determinada sequência em determinada língua. Porque ao passo que linguistas experimentados em anos tendem a adquirir intuições razoavelmente fortes sobre a estrutura, os novatos, ao contrário, tendem a ter intuições relativamente fracas, incertas e duvidosas; além do mais, mesmo as intuições de supostos *experts* podem, por vezes, mostrar-se fundamentadas em pouco mais que preconceitos pessoais.

> [...] Não é mais razoável confiar completamente na intuição para determinar a estrutura sintática do que seria confiar na intuição para determinar a estrutura molecular. Inevitavelmente, então, muito da evidência para a estrutura sintática tem carácter essencialmente empírico (i. e., evidências baseadas nas propriedades observadas de palavras, expressões e sentenças).

Os dados submetidos à intuição – marcados ou não com asterisco, ponto de interrogação ou sinal de percentagem – seriam equivalentes ao resultado de um experimento feito em casa (Marantz, 2005: 432; também Wasow e Arnold, 2005: 1485). Porém, se os dados da intuição são equiparados a resultados experimentais, é necessário que possam ser replicados, como é a prática com resultados experimentais em qualquer ciência.

Os julgamentos de um falante real são também dados de desempenho. Fatores contextuais de vários tipos podem influenciar a reação aos exemplos apresentados (Wasow e Arnold, 2005: 1.483) e, assim, o que um falante considerou inaceitável outro pode considerar aceitável. É essa uma situação relativamente comum quando o linguista usou unicamente sua própria intuição como argumento para sustentar uma análise, e leitores ou ouvintes discordam de seu julgamento. Até porque não é boa prática metodológica o próprio linguista usar sua intuição para o julgamento de gramaticalidade, uma vez que a expectativa quanto ao resultado afeta os julgamentos implicita e inconscientemente (Ferreira, 2005: 372).

A intuição não pode ser vista também como o único modo de obtenção de dados. Dados de disciplinas correlatas como a Psicolinguística ou a Neurolinguística têm muito a contribuir.

Notas

[1] Para o outro lado da questão, veja o interessante capítulo inicial em Sardinha (2004), em especial a seção 1.12.

[2] Referência ao título de trabalho de Anthony Naro e Maria Luiza Braga (s.d.).

Para ir além

Para o estabelecimento do termo *Linguística*:
• Koerner (1989a: 233-244, em inglês);
• Saussure (2004).

Para uma discussão sobre o objeto da Linguística:
• Dascal e Borges Neto (1991).

Para a discussão do problema mente-corpo:
• Damásio (1996);
• Penrose (1993);
• Reale e Antiseri (2004).

Para uma leitura crítica do determinismo que a noção de desenvolvimento tomou na ciência:
• Lewontin (2002).

Para o conceito social de língua:
• Davies e Bentahila (1989), em inglês.

Para uma defesa do uso de *corpora*:
• Menon (2008);
• Sardinha (2004).

On-line

• Quanto à consolidação do termo *Linguística* no Brasil, a tese de Gurgel (2008):
<http://www.teses.usp.br/teses/disponiveis/8/8139/tde-12012009-164534/>.

- Sobre a revolução chomskyana (textos em inglês):

1. o texto de John Searle:
<http://www.chomsky.info/onchomsky/19720629.htm>;
2. dois textos de Konrad Koerner:
<http://www.scribd.com/doc/6891783/KOERNERThe-Chomskyan-revolution-and-its-historiography> e <http://www.tlg.uci.edu/~opoudjis/Work/KK.html>;
3. e o de Frederick Newmeyer:
<http://hum.uchicago.edu/~jagoldsm/Courses/2008HistoryOfLx/newmeyer.pdf>.

- Há um pequeno vídeo que procura simular por computador o percurso da barra de ferro que feriu Phineas Gage:
<http://www.youtube.com/watch?v=EBBdxnXhbz8>.

- Também sobre Phineas Gage (em inglês):
<http://lecerveau.mcgill.ca/flash/capsules/articles_pdf/phyneas_gage.pdf>.

- Alguns *corpora* eletrônicos do português:
<http://www.fflch.usp.br/dlm/comet/corpos_port.html>.

- Para um panorama da Biolinguística:
1. França (2005):
<http://www.acesin.letras.ufrj.br/curso_neurofisiologia/aif_abralin.pdf>;
2. Novaes (2006):
<http://www.forumdelinguagem.com.br/textos/Texto%20Celso%20Novaes.pdf>.

- Para uma defesa da introspecção, França (2006):
<http://www.acesin.letras.ufrj.br/publicacoes_aniela/revista%20 neurociencias_2006.pdf>.

PARTE 2
Sobre a faculdade da linguagem

A *linguagem* é uma capacidade unicamente humana que distingue os seres humanos de outros animais. Como essa faculdade se desenvolve? A gramática gerativa contrapôs à primazia da experiência e de uma capacidade geral de aprendizado a proposta de que há uma base inata para a linguagem. A base inata explicaria a universalidade na espécie e o insucesso nas tentativas de ensinar uma língua a outros animais.

A faculdade da linguagem

Do empirismo[G]...

Num dos manuscritos descobertos em 1996, Ferdinand de Saussure (2004: 115) afirmava que "[a] linguagem [...] é o exercício de uma faculdade que existe no homem". Mas essa faculdade, como afirmara numa conferência proferida em 1891, não tem raízes no organismo, porque "tudo o que parece *orgânico* na linguagem é, na realidade, *contingente* e completamente acidental" (Saussure, 2004: 131 – grifo no original), condicionado pela história (Saussure, 2004: 133). Assim, embora caracterizasse a linguagem como uma faculdade e, por conseguinte, integrante da mente, Saussure parecia mais interessado no comportamento (ou *exercício*) que essa faculdade permite. Essa concepção manteve-se inquestionada até meados dos anos 1950.

Câmara Jr. é um representante desse período na Linguística. Ele buscou no antropólogo norte-americano Alfred Kroeber (1876-1960) abonação para focalizar a linguagem como um fenômeno de cultura e a inspiração para um gráfico, aqui reproduzido em (2.1), que procurava demonstrar que "[a]o mundo físico se acrescenta, em nível superior, um mundo biológico, ou orgânico, e daí parte a criação humana, ou cultural, num terceiro nível superorgânico" (Câmara Jr., 1973: 20).

(2.1)

52 Introdução à (Bio)Linguística

É essa visão de um mundo superorgânico, "que flutua em seu próprio universo, livre da carne e do sangue dos homens e mulheres reais" (Pinker, 2004: 46), que emerge, por exemplo, da explicação que Bloomfield (1984: 29-30) dá ao processo de aquisição de uma língua, reproduzido a seguir.

> Cada criança que nasce num grupo adquire [...] hábitos de fala e de resposta nos primeiros anos de vida. Este é, indubitavelmente, o maior feito que qualquer um de nós é instado a realizar. Exatamente como as crianças aprendem a falar não se sabe; o processo parece ser algo como o que se segue:
>
> (1) Sob estimulação variada, a criança enuncia e repete sons vocais. Isto parece ser um traço hereditário. Suponha que ela faça um ruído que possamos representar como *da*, embora, por certo, os movimentos e os sons resultantes difiram de quaisquer dos que são usados na fala convencional em inglês. As vibrações sonoras atingem os tímpanos da criança, enquanto ela se mantém repetindo os movimentos. Isto resulta num hábito: sempre que um som semelhante atinja seu ouvido, é provável que ela faça esses mesmos movimentos bucais, repetindo o som *da*. Tal balbucio treina-a na reprodução de sons vocais que cheguem a seus ouvidos.
>
> (2) Alguém, por exemplo, a mãe, enuncia, na presença da criança, um som que se assemelha a uma das sílabas do seu balbucio. Por exemplo, ela diz *doll* ['boneca']. Quando esses sons chegam aos ouvidos da criança, seu hábito (1) entra em jogo e ela produz a sílaba de balbucio mais próxima, *da*. Dizemos que a criança começa a "imitar" [...].
>
> (3) A mãe, é lógico, usa de suas palavras quando o estímulo apropriado está presente. Ela diz *doll* quando está realmente mostrando a boneca para a criança ou dando-lhe a boneca. A visão e o manuseio da boneca e a audição e produção da palavra *doll* (isto é, *da*) ocorrem repetidas vezes em conjunto, até que a criança forma um novo hábito: a visão e o tato em relação à boneca bastam para fazê-la dizer *da*. Ela tem agora o uso de uma palavra. Para os adultos pode soar diferente de qualquer das palavras deles, mas isso se deve meramente à imperfeição. Não parece provável que as crianças alguma vez inventem uma palavra.
>
> (4) O hábito de dizer *da* ao ver a boneca dá ensejo à formação de outros hábitos. Suponha, por exemplo, que dia após dia se dá a boneca à criança (e ela diz *da, da, da*) imediatamente após o banho. Ela tem agora o hábito de dizer *da, da, da* após o banho; isto é, se algum dia a mãe se esquece de lhe dar a boneca, ela pode, a despeito disso, gritar *da, da, da* depois de seu banho. "Ela está pedindo a boneca", diz a mãe, e ela está correta, uma vez que o "pedir" ou o "querer" coisas dos adultos é sem dúvida apenas um tipo

mais complicado da mesma situação. A criança começou agora o discurso *abstrato* ou *deslocado* [ing. *displaced*]: ela nomeia uma coisa mesmo quando essa coisa não está presente.

No trecho extraído de Bloomfield a mente da criança é a imagem da *tabula rasa* medieval, ou lousa em branco. De onde provém o conhecimento linguístico que chegará a alcançar? Da *experiência* apenas, que irá gravar o conhecimento na lousa – segundo Bloomfield obtida através de treinamento e reforço.

É o acaso que leva a criança de não se sabe que idade do exemplo a inicialmente proferir *da*. Para ela, a nova palavra resulta da formação de um hábito, reforçado pela mãe; e talvez não houvesse muita diferença se se substituísse nesse treinamento a criança por um papagaio, uma vez que não há biologia envolvida no aprendizado. Uma vez que tudo deriva da experiência fornecida pelo meio circundante, sem importar o organismo que a recebe, por que, como notou Pinker, esse processo parece tão mais eficaz quando aplicado a uma criança que a um rato ou a um pombo? Não há como não lembrar as palavras de Wilhelm Wundt (1832-1920), considerado o fundador da Psicologia Experimental moderna, que propôs que os animais simples diferiam dos seres humanos não tanto pela habilidade como por terem recebido menos educação e treinamento (veja Schultz e Schultz, 2006: 145).

Há ainda uma outra implicação no excerto de Bloomfield anteriormente apresentado que se mostra falsa, sem necessidade de análise profunda: conhecer o estímulo (no caso, a visão ou o toque da boneca) permite prever o que a criança dirá.

Falar em *faculdade da linguagem* tem, porém, implicações bem diferentes desse quadro, caso se mude a perspectiva.

...para uma perspectiva racionalista

Em *Aspectos da teoria da sintaxe*, Chomsky (1975: 135) retomou o filósofo alemão Leibniz (1646-1716) para contrapor a imagem da *tabula rasa*, ou mesmo de um bloco de mármore uniforme, à imagem de um bloco de mármore com veios:

> Porque, se a alma se parecesse com estas tábuas em branco, as verdades estariam em nós como a figura de Hércules está no mármore, considerando que o mármore é totalmente indiferente à recepção desta ou de outra figura. Mas se

houvesse veios no bloco que indicassem a figura de Hércules, de preferência a outras figuras, este bloco seria mais determinado, e Hércules estaria nele, num certo sentido, inato, ainda que fosse necessário trabalhar para descobrir esses veios, para expô-los, através do polimento e do corte daquilo que os impede de aparecer (tradução da autora, a partir da edição original de 1965, p. 52).

Considerar a linguagem uma faculdade humana e não um fenômeno social significa focalizá-la como um fenômeno psicológico/biológico. Uma faculdade mental ou faculdade da mente pode ser compreendida como uma estrutura funcional da mente/cérebro. A faculdade da linguagem deriva de estruturas especializadas para as funções relativas à linguagem. É comum numa Linguística que se vê como parte da Biologia a referência à faculdade da linguagem como o *órgão da linguagem*[G], sem localização precisa, por analogia com as funções exercidas por órgãos específicos do organismo humano.

A *faculdade da linguagem*, com que todos os seres humanos nascem, designa a representação do conhecimento linguístico na mente. Ao nascer um indivíduo tem esse conhecimento em nível mínimo. É o estágio inicial (ou E_0), também denominado *gramática universal* (GU), a base inata que tornará possível o desenvolvimento de qualquer língua.

O que significa inato?

Samuels (2004) ressalta a importância do conceito de inatismo para as ciências cognitivas, embora as definições derivadas do senso comum ou da Biologia não lhes sejam satisfatórias. *Inato* é, em geral, identificado com "não adquirido", o que não é errado, mas é vago: caso se considere que é adquirida uma característica que passa a existir a partir de determinado período, então todas as estruturas cognitivas seriam adquiridas. Também não é uma boa definição *inato* como "o que está presente no nascimento", porque: (a) é possível o aprendizado pré-natal; e (b) características sexuais secundárias, como pelos, por exemplo, não estão presentes no nascimento e configurariam maturação pós-natal. Da Biologia vem a consideração de inato como "determinado geneticamente", mas novamente há problemas, porque traços biológicos complexos não são causados apenas por genes. Samuels descarta também a definição como "produto de causas internas", uma vez que um feto, por exemplo, necessita de água, oxigênio e nutrientes que lhe vêm da mãe.

Tentativas de caracterização como invariância no desenvolvimento dão conta da universalidade de determinado traço para todos os membros normais de dada espécie. Em termos cognitivos, é possível compreender inato como "o que não é aprendido" ou, melhor, "que se demonstra que não pode ser aprendido", embora reste o problema de também definir *aprendizagem*.

A questão inato-ou-adquirido

> Chomsky defende que a linguagem é *inata*. Ou seria *nata*?
> Faça-se o paralelo dos adjetivos *nato* e *inato* em relação ao substantivo *brasileiro*, por exemplo. Um indivíduo pode ser um *brasileiro nato*, isto é, uma de suas primeiras experiências será adquirir a nacionalidade brasileira por ter nascido no território do Brasil (ou por ser registrado numa representação diplomática do Brasil em algum lugar do mundo). Ninguém pode, porém, ser um *brasileiro* (ou qualquer outra nacionalidade) *inato*.

Na medida em que a Linguística se incluiu na Biologia, a discussão apresentada até aqui ganha relevo e parece permitir apenas duas opções de resposta: a linguagem é herdada ou adquirida?

No início do século xx, a Etologia, isto é, o estudo do comportamento animal no meio selvagem (Pinel, 2005: 49) fazia pender a balança das explicações para o papel da natureza, para a hereditariedade. Na mesma época, nos EUA, a Psicologia Experimental enfatizou a aprendizagem, isto é, a experiência.

A questão não tem apenas dois lados. Assim, em texto recente, Pinel (2005) rejeita a visão dicotômica genético-ambiental como rejeita a visão composicional (quantas partes de genética para quantas de experiência), lembrando que não faria sentido perguntar quanto o músico e quanto a flauta contribuem para a música, já que a música vem dos dois. E exemplifica (Pinel, 2005: 52):

> os neurônios se ativam muito antes de estarem totalmente desenvolvidos e [...] o curso de seu desenvolvimento subsequente (por exemplo, o número de conexões que formam ou o fato de sobreviverem ou não) depende amplamente de suas atividades, cuja maior parte é desencadeada por experiências externas.

Num adulto que cresceu em sociedade, a faculdade da linguagem compreende também as particularidades de uma gramática e de um léxico – em outras palavras, uma língua-I. O processo de aquisição de uma língua, desencadeado pela experiência linguística e fortemente relacionado a processos maturacionais, consiste na sucessão de estágios desde E_0, quando o indivíduo ainda não desenvolveu língua alguma, até o estágio relativamente estável que caracteriza a competência linguística de um falante nativo adulto.

Do esforço da Linguística para estabelecer como seria a arquitetura da faculdade da linguagem surgiu a proposta de que ela não é um bloco monolítico. A faculdade da linguagem envolveria mecanismos sensório-motores, responsáveis por sua exteriorização – tradicionalmente focalizados como áreas da *fonética* e da *fonologia*, mas também a expressão das línguas de sinais – e sistemas conceituais-intencionais (*semântica* e *pragmática*). Mas, sobretudo, a faculdade da linguagem em sentido estrito consistiria de mecanismos computacionais, a *sintaxe*, que permitem fazer as conexões entre som e significado (Hauser, Chomsky e Fitch, 2002; Fitch, Hauser e Chomsky, 2005).

Recentemente, Chomsky propôs que a faculdade da linguagem poderia ser considerada de dois modos: em sentido estrito (FLN, ing. *faculty of language – narrow sense*) e em sentido *lato* (FLB, ing. *faculty of language – broad sense*). Em sentido estrito, a FLN compreenderia apenas a recursividade, considerada central no sistema computacional (isto é, os princípios gramaticais de combinação de elementos), e seria a parte unicamente humana da faculdade da linguagem (Hauser, Chomsky e Fitch, 2002: 1569). A FLB, por seu turno, compreenderia, além do sistema computacional, dois outros sistemas de desempenho de entrada e saída: o *sistema sensório-motor* e o *sistema conceitual-intencional*.

A compreensão dos conhecimentos representados na mente como *módulos* vem sendo defendida com base em dados empíricos. Por exemplo: algumas lesões no cérebro podem afetar um aspecto específico da linguagem e não afetar outras habilidades cognitivas, e vice-versa.

A faculdade da linguagem impõe limites aos sistemas linguísticos que podem vir a se desenvolver em interação com a experiência linguística. É nesse contexto que se deve compreender a frase de Chomsky (1981: 103) "Não aprendemos uma língua; o que ocorre é que a gramática se desenvolve na mente." A Linguística, nesse contexto, deve indicar: (a) as propriedades necessárias a uma língua; (b) as propriedades impossíveis; e (c) as propriedades possíveis, mas não necessárias.

Como surgiu na espécie?

Em 1866 a Sociedade Linguística de Paris vetava a apresentação de trabalhos sobre a origem da linguagem (e também sobre a criação de uma língua universal), que considerou uma área infrutífera. Diferentemente de outras áreas de estudo, essa não contava com dados confiáveis. A Sociedade reagia, desse modo, a uma longa tradição de trabalhos especulativos acerca de qual e como teria sido a primeira língua, trabalhos como, por exemplo, o do sueco Andrea Kemke, que defendeu a tese de que, no Paraíso, Adão falava dinamarquês; a serpente, francês; e Deus, sueco (Crystal, 1973: 59). Seis anos mais tarde, em 1872, também a Sociedade Filológica de Londres adotaria a mesma censura ao tema (Kenneally, 2007: 22).

No Brasil, no século seguinte, Câmara Jr. (1973: 22-24) refletiu o desinteresse generalizado da Linguística pelo tema quando, depois de sumariar várias hipóteses de como a linguagem teria surgido no homem – teoria onomatopaica, teoria interjetiva ou, ainda, a proposta do filólogo alemão Ludwig Noiré (1829-1889) sobre os sons que mecanicamente acompanhavam o trabalho, e ainda a de Jespersen sobre estados de euforia do homem primitivo –, concluiu dizendo que

> [p]ara a Linguística, entretanto, que é uma ciência fundamentada na observação do que existe, não interessa diretamente esse problema genético. Não lhe cabe depreender que elementos mentais e que estímulos condicionaram para a humanidade um rudimento de linguagem, que lhe permitiu construir a representação do seu mundo exterior e interior, e desenvolver uma e outro por meio do auxílio mútuo que se emprestaram.

O quadro não se apresentava muito diverso na perspectiva gerativa:

> é quase universalmente aceito como certo que existe o problema de explicar a "evolução" da linguagem humana partindo dos sistemas de comunicação animal. Contudo, o exame cuidadoso dos recentes estudos de comunicação animal parece-me oferecer pouco apoio para estas suposições. Ao contrário, estes estudos simplesmente revelam ainda mais claramente que a linguagem

58 Introdução à (Bio)Linguística

humana parece ser um fenômeno único, sem análogo significativo no mundo animal. *Se isto é assim, é de todo destituído de sentido levantar o problema da explicação da evolução da linguagem humana partindo de sistemas de comunicação mais primitivos, que aparecem em níveis inferiores de capacidade intelectual* (Chomsky, 1977: 88-89 – grifo nosso).

Até recentemente, Chomsky defendeu que o surgimento da linguagem deveria ter-se dado de forma abrupta, sem a intervenção do processo de seleção natural. Seria um produto secundário da seleção de outras habilidades ou resultante de leis ainda desconhecidas de desenvolvimento. A linguagem tem tal complexidade que seria incompatível com a teoria da evolução de Charles Darwin, segundo a qual "os sistemas biológicos complexos surgem da acumulação gradual por gerações de mutações genéticas aleatórias realçadas pelo sucesso reprodutivo" (Pinker, 1994: 333).

A teoria da evolução é informativa sobre muitas coisas, *mas tem pouco a dizer* [...] *sobre questões desta natureza*. As respostas podem basear-se não tanto na teoria da seleção natural como na Biologia Molecular, no estudo de que espécies de sistemas físicos podem desenvolver-se sob as condições de vida na terra e por que – em última análise em razão de princípios físicos (Chomsky, 1988: 167 – grifo nosso).

Desse modo, não havia interesse no estudo da *evolução*[G] se não havia evolução.

A questão voltaria ao cenário da Linguística em 1990, com a publicação do artigo "Natural Language and Natural Selection", de Steven Pinker e Paul Bloom, que propunha que a linguagem evoluiu por *seleção natural*[G]. Sem evidências, o artigo recebeu críticas: ainda histórias independentes dos fatos.

A partir de 2002, com a proposta de divisão da faculdade da linguagem em FLN e FLB, há uma mudança que permite imaginar que as unidades simbólicas poderiam ter surgido antes da sintaxe: "Assim, ao mesmo tempo que aceitamos que a FLB é uma adaptação, propomos a hipótese de que a FLN não é uma adaptação 'para a comunicação'" (Fitch, Hauser e Chomsky, 2005: 205).

Para discutir essa questão, Pinker (1994: 332-333) elaborou uma fábula sobre a tromba do elefante. Os elefantes são os únicos animais que têm tromba. Se os biólogos fossem elefantes, ficariam impressionados com a singularidade da tromba no reino animal. Alguns deles defenderiam que um elefante e um hírace (veja Figura 2) compartilham 90% de DNA e não poderiam ser tão diferentes assim; tentariam treinar os híraces a usar as narinas para pegar objetos e proclamariam o sucesso ou o fracasso dos experimentos. Outro grupo defenderia que uma mutação dramática fez surgir abruptamente a tromba, ou que foi um resultado secundário da evolução de uma cabeça grande.

Pinker procura demonstrar que, no caso da linguagem, as visões de Chomsky e de Darwin não são incompatíveis.

Fig. 2 – Um hírace.

A questão sobre o surgimento da linguagem permanece em aberto. No tocante à vocalização, há algum consenso sobre a evolução anatômica: a evolução de quadrúpede para bípede levou a um trato vocal em L, e também à reorientação da cabeça em relação à espinha, forçando a laringe para baixo (Cairstairs-McCarthy, 2001: 4; Stanford, 2004: 76), e assim "a evolução da fala foi um derivado maravilhosamente fortuito do andar ereto" (Stanford, 2004: 77). Por outro lado, vêm da Genética perspectivas revolucionárias de pesquisas, que trazem para o centro das atenções as raízes genéticas da linguagem que, em meados do século XX, Chomsky defendera. Em uma série de trabalhos que tiveram início na década de 1990, um grupo de pesquisa da Universidade de Oxford ligado ao Projeto Genoma Humano, com pesquisadores como Jane Hurst e Cecilia Lai, identificou um ponto de mutação num gene presente nos membros de uma família afetados por *distúrbio específico de linguagem*[G]. A família, identificada como "KE", despertou particular interesse para os cientistas na medida em que cerca de metade de seus membros, nas três gerações em análise, apresentam *distúrbio específico de linguagem* grave. Isso não significa que se encontrou o gene da linguagem (Bishop, 2002), porque o gene em questão também existe nos ratos, mas é certamente mais um passo para se compreender o funcionamento da linguagem.

É possível ensinar uma língua a um animal?

A proposta de que a linguagem é unicamente humana e diferencia os seres humanos de outros animais porque não pode ser explicada por mecanismos gerais de aprendizado levou a uma série de tentativas de se ensinar uma língua a um animal.

Na escola, quando se estudavam as *vozes de animais*, os alunos aprendiam uma lista de verbos que, no tocante aos papagaios, arrolava palavras como *chalrear, falar, grazinar, palrar, palrear, taramelar, tartarear* (Almeida, 1965: 282, § 508). Muitas pessoas que têm um papagaio como animal de estimação ensinaram-no a dizer algumas palavras e podem dizer que seu papagaio *fala*, ou que seu papagaio *fala bom-dia* ou *fala palavrão*. Dificilmente, porém, alguém diria que seu papagaio *fala português* ou *aprendeu português*.

De algum modo, esse senso comum ecoa uma proposta que ganharia força em meados do século XVII, com o filósofo René Descartes (1596-1650). Na visão cartesiana não seria possível imaginar que se ensinasse qualquer língua – uma atividade da mente – a um animal, mesmo que com aplicação e esforço:

> vemos as pegas e os papagaios poderem proferir palavras como nós e, todavia, não poderem falar como nós
>
> [...]
>
> E isto não prova apenas terem os animais menos razão que os homens, mas não a terem de todo (Descartes, 1977: 76).

Cerca de dois séculos mais tarde, em 1871, Charles Robert Darwin (1809-1882) afirmaria, no terceiro capítulo de *The Descent of Man*, que "não há nenhuma diferença fundamental entre o homem e os mamíferos superiores no tocante às suas faculdades mentais" (Darwin, 1871: 53).

Para a Linguística a questão ganhou relevância em face da discussão quanto ao grau em que propriedades presentes nas línguas seriam distintivas em relação à comunicação de outros animais e em face da proposta, radicalmente oposta, de que o desenvolvimento de uma língua nos seres humanos depende de uma estrutura biológica própria da espécie, cuja sequência de etapas está pré-programada, ou, em outras palavras, que a linguagem é uma faculdade unicamente humana.

Vários são os experimentos linguísticos com animais. Em geral, os psicolinguistas envolvidos nesses projetos afirmam o sucesso alcançado; os linguistas gerativos questionam os resultados apresentados – como na fábula da tromba do elefante. A seguir são focalizados alguns desses projetos.

Alex, o papagaio-cinzento

Fig. 3 – Um papagaio-cinzento (*P. erithacus*).

Johansson (2005: 137) focaliza resultados obtidos por Irene Pepperberg e seu grupo de pesquisa no final da década de 1990 quanto a ensinar alguns indivíduos de uma espécie de papagaio, o papagaio-cinzento (*Psittacus erithacus*) (veja Figura 3), a comunicar-se com seres humanos em inglês. Aquele que melhor se saiu, Alex, conseguiu:

(a) nomear corretamente vários objetos;
(b) empregar com propriedade hiperônimos/hipônimos, isto é, conceitos que se organizam hierarquicamente, como o conceito expresso no nome *cor* em relação a nomes de cores individuais, tais como *verde*, *amarelo*;
(c) empregar construções simples como *want X* ('querer X') e *wanna go X* ('querer ir X'), substituindo *X* pelo nome adequado no momento.

62 Introdução à (Bio)Linguística

O texto silencia sobre questões fonológicas, como, por exemplo, aquela levantada por Lenneberg (1973: 64-65), sobre um possível teste empírico para detectar se um papagaio, ao aprender enunciados de uma segunda língua, teria sotaque. Também silencia acerca da atribuição de nomes de cores. Se a atribuição fosse correta, nesse aspecto o papagaio teria conseguido um feito notável, algo com que as crianças têm dificuldade em lidar até perto dos 4 anos (Lenneberg, 1973: 78).

Apesar do relativo sucesso comunicativo alcançado por Alex, isso significa *falar inglês*? A parte gramatical mais elaborada conseguida por Alex está representada em (c). O resultado não é conclusivo. Alex muito provavelmente repetia fórmulas, isto é, construções memorizadas. Caso se considere, porém, que não eram fórmulas, mas que Alex avançava no desenvolvimento da gramática do inglês, isso teria de ser compreendido como tendo Alex alcançado um estágio gramatical equivalente ao de uma criança por volta dos 18 meses. Em outras palavras: após muito esforço, Alex teria conseguido que algum aspecto linguístico fosse comparável ao de uma criança de 1 ano e meio. Ou melhor: nem isso.

Comparados os dois exemplos anteriormente apresentados em (c) com dados obtidos pela pesquisadora brasileira Mônica Nardy (1995) em trabalho com crianças em torno de 18 meses, há diferenças no desempenho linguístico alcançado por estas quanto a esse ponto da gramática. Diferentemente do português, que pode indicar o sujeito apenas pela forma que o verbo assume (*quero/queremos/querem*), o inglês é uma língua que exige a presença do sujeito expresso na frase. Não obstante a opcionalidade em português quanto ao sujeito estar ou não explícito na frase, as crianças cariocas de 18 meses observadas pela pesquisadora brasileira já eram capazes de lidar com o sujeito (e também o objeto) do verbo, mesmo sendo de se esperar que as que estavam aprendendo português omitissem muitos mais sujeitos do que aquelas aprendendo inglês nessa idade. Ao contrário do que se esperaria de uma criança de 18 meses aprendendo inglês (Bloom, 1994: 28-29), Alex omite os sujeitos.

Experimentos com chimpanzés

A despeito de imitarem uma gama de sons que lhes permite reproduzir enunciados, os papagaios não foram os animais preferidos para esse tipo de experimentos. A preferência tem recaído sobre diversas espécies de macacos superiores africanos, especialmente o chimpanzé (*Pan troglodyte*), o bonobo (*Pan paniscus*) e o gorila (*Gorilla gorilla*), considerados mais próximos do homem na escala evolutiva: o DNA de um chimpanzé e o de um ser humano moderno (*Homo sapiens*) difeririam apenas de 1% a 2%.

> Marks (2002) discute o significado da semelhança percentual de DNA. O máximo de distinção entre espécies fica na casa dos 75% (Marks, 2002: 5, 27-28), porque, se as espécies compartilharem um ancestral comum, mesmo que as linhagens tenham divergido há alguns milhões de anos, esse patamar de semelhanças já é maior que 25%. Um ser humano e um dente-de-leão, por exemplo, compartilham 25% de semelhança. O que isso revela quanto à semelhança de humanos e vegetais?
>
>
>
> Fig. 4 – Um dente-de-leão.

Os chimpanzés Gua e Viki

Na década de 1930, Winthrop e Luella Kellog decidiram criar o chimpanzé Gua, então com 7 meses e meio, *como* uma criança e *com* uma criança de idade aproximada. A criança escolhida para o projeto foi Donald, o próprio filho do casal, apenas dois meses e meio mais velho que Gua.

A narrativa de Roger Fouts (1998: 36) sobre o final da experiência está repleta de ironia:

infelizmente para a ciência, os Kellog terminaram abruptamente seu estudo. Segundo rumores, a Sra. Kellog ficou angustiada quando Donald começou a adquirir mais sons de chimpanzé do que Gua adquiria sons humanos. Aparentemente, o filho dos Kellog grunhia por comida durante o jantar.

Gua nunca proferiu uma única palavra (Pinker, 1994: 335).

Ainda segundo Fouts (1998: 36), na década seguinte Keith e Cathy Hayes tomaram para objeto de estudo Viki, uma chimpanzé recém-nascida, mas, depois "de seis anos de treinamento vocal intensivo e criativo, Viki conseguia falar apenas quatro palavras em inglês", equivalentes a *mamãe*, *papai*, *xícara* e *para cima* – "tudo com um pesado e muito mal articulado sotaque de chimpanzé". E completa Pinker (1994: 335): Viki frequentemente as confundia quando ficava excitada. Viki podia responder a comandos, desde que sempre os mesmos. Assim, podia atender a um comando como *kiss me* ('dê-me um beijo'), mas não a uma combinação nova, como *kiss the dog* ('beije o cachorro').

> A respeito da dificuldade de vocalização dos chimpanzés, ela parece ter por fundamento algo mais que as diferenças anatômicas. Lieberman (1977: 181) nota que a diferença anatômica entre a laringe de um ser humano adulto e de um chimpanzé adulto afetaria a habilidade deste para cantar e sua qualidade vocal mais que a fala propriamente dita; no entanto o trato vocal supralaríngeo de chimpanzés os impediria de produzir a gama completa de sons da fala humana. Por outro lado, Lieberman (1977: 184) nota a semelhança entre o trato vocal supralaríngeo de um chimpanzé adulto e de uma criança recém-nascida.

A chimpanzé Washoe

Fig. 5 – Um chimpanzé (*Pan troglodyte*).

Um dos casos mais famosos na literatura é o de Washoe, uma chimpanzé criada como uma criança por Allen e Beatrice Gardner (Universidade de Nevada em Reno, EUA) na década de 1970. Já se havia percebido que ensinar um chimpanzé a falar não daria certo, por conta da diferença no trato vocal em relação aos seres humanos, mas a razão mais forte foi outra (Fouts, 1998: 38):

> os Gardner [...] descobriram uma razão ainda mais forte pela qual os chimpanzés provavelmente não conseguiriam falar: de forma geral, eles são animais muito calados [...].

E Fouts continua:

> Já em 1920 [...] Robert Yerkes[1] reconheceu que embora seus chimpanzés pudessem entender inglês falado – ele acreditava que eles podiam compreender de 100 a 200 palavras – eles nunca imitavam seus sons.

Por conta disso, o experimento dos Gardners procurou ensinar a Washoe uma versão modificada da língua de sinais norte-americana (ou ASL, sigla para American Sign Language). É Fouts (1998: 28) quem comenta:

> Praticamente assim que entrei na casa dos Gardner notei que todos falavam em sussurros. Isto fazia parte da experiência. Eles não queriam que Washoe soubesse que seus amigos humanos podiam falar através de suas vozes. De outra forma, ela poderia tentar comunicar-se vocalmente – tentativa em que outros chimpanzés tinham falhado – em vez de aprender a linguagem por sinais.

Além da facilidade atribuída à ASL, havia um outro pressuposto por trás da escolha da ASL nesse projeto. É a hipótese de que a linguagem humana teve origem em gestos antes de alcançar a etapa vocal, e isso é explicitado por Fouts (1998: 200), que parece crer na existência de uma língua de sinais universal e inata:

> Durante milhares de anos as pessoas observaram dois fatos curiosos sobre a comunicação humana. Em primeiro lugar, os bebês começam a gesticular – mostrando, apontando, olhando fixo – antes de começarem a falar, e, em segundo, a gesticulação é uma espécie de linguagem universal, a que todos nós recorremos quando não conseguimos nos comunicar através de uma linguagem falada comum. Essas duas observações levaram muitos povos antigos a especular que a linguagem pode ter se originado na gesticulação.

Segundo os defensores do Projeto Washoe, a chimpanzé aprendeu a ASL a ponto de criar novas expressões como *water bird* (literalmente 'pássaro

66 Introdução à (Bio)Linguística

aquático') para designar um cisne. E a ponto de se comunicar com outros chimpanzés em ASL, como na situação de perigo em que, segundo Fouts (1998: 145) tentava avisar Bruno (outro chimpanzé) da proximidade de uma cobra, ou quando cumprimentou linguisticamente o chimpanzé Ally (Fouts, 1998: 183). Afinal, Fouts (1998: 131) declara que "conhecia uma chimpanzé que pensava que era humana" e que "absorvera a lição da superioridade humana".

O trabalho com Washoe foi fortemente criticado quanto à metodologia e quanto à interpretação dos resultados: os gestos poderiam ser interpretados como simples imitação, reforçada por prêmios ao animal (Johansson, 2005). Os sinais eram traduzidos pelos pesquisadores: apontar era *you*, um abraço era o sinal para *abraço*, um beijo era o sinal para *beijo*, coçar era o sinal para *coçada* (Pinker 1994: 338) – ou uma outra tradução, se o pesquisador entendesse que se adaptava melhor ao contexto.

Pinker (1994: 338) reporta os comentários de uma falante nativa de ASL quanto ao Projeto Washoe:

> Eu não via nenhum sinal. Os ouvintes anotavam cada movimento que o chimpanzé fazia como um sinal. Cada vez que o chimpanzé levava o dedo à boca eles diziam "Oh! Ele está sinalizando para *beber*", e eles lhe davam leite... Quando o chimpanzé se coçava eles registravam o sinal para *coçar*... [...] Às vezes [...] diziam: "Oh, legal, olha isso, é exatamente como o sinal da ASL para *dar*". Não era.

Quanto ao uso linguístico criativo de que Washoe era capaz, representado na designação de um *cisne* como *water bird*, também isso foi contestado, na medida em que os dados não permitiam conclusões:

> Um exemplo muito citado da habilidade de Washoe para criar novos significados através de combinações novas de seus sinais é seu enunciado *water bird*. Fouts [...] relatou que Washoe sinalizou *water bird* na presença de um cisne quando lhe perguntaram *what that?*.[2] A resposta de Washoe parece significativa e criativa, uma vez que justapõe dois sinais apropriados de modo consistente com a ordem de palavras do inglês. Não há base, no entanto, para concluir que Washoe estava caracterizando o cisne como "um pássaro que vive na água". Washoe tinha uma longa história quanto a lhe perguntarem *what that?* na presença de objetos como pássaros e extensões de água. Nesse caso, Washoe podia estar simplesmente respondendo à questão *what that?*, identificando corretamente uma extensão de água e um pássaro, nessa ordem. Antes de concluir que Washoe estava relacionando o sinal *water* com o sinal *bird*, seria necessário saber se ela regularmente colocava um adjetivo (*water*) antes ou depois de um nome (*bird*). Isso não pode ser decidido com base numa

anedota única, não importa o quão excitante essa anedota pareça ser para um observador falante de inglês (Terrace et al., 1979: 895-896).

Washoe ficou tão famosa que ganhou biografia na internet (<http://www.friends ofwashoe.org/washoe_bio.shtml>) e, quando morreu, em 2007, teve um obituário (<http://www.cwu.edu/~cwuchci/>), reproduzido parcialmente a seguir:

GOODBYE, DEAR FRIEND

Our beloved friend <u>Washoe</u> passed away Tuesday evening, October 30, at 8:00, after a brief illness. At the time of her passing she was at home at CHCI, with her family and closest friends. Washoe was 42 years old, a long life for a female chimpanzee. Most females in captivity live an average of 33.5 years. In lieu of flowers, please consider a <u>donation in Washoe's name</u> to Friends of Washoe, to continue supporting her family. You can leave your remembrance of Washoe at our <u>Tribute Page</u>.

Alex, o papagaio-cinzento, que também morreu em 2007, deu nome a uma fundação para o estudo da inteligência de papagaios, cuja página registra, por exemplo, um relato da autópsia (<http://www.alexfoundation.org/alex_the_parrot.html>).

O chimpanzé Nim Chimpsky

Ainda na década de 1970, Herbert Terrace, em conjunto com Laura Ann Petitto, Richard Sanders e Tom Bever, tentou repetir a experiência levada a cabo com Washoe, usando para isso um chimpanzé macho de duas semanas, do mesmo Instituto de Oklahoma para onde Washoe fora levada quando deixou a casa dos Gardners em Nevada. Batizaram o animal com o nome Nim Chimpsky, em alusão ao nome do famoso linguista norte-americano. Também nesse projeto foram empregados os sinais da ASL.

Após o entusiasmo inicial com o que lhes pareceu sucesso no aprendizado linguístico, uma surpresa: ao analisarem as imagens de vídeo, os pesquisadores concluíram que Nim imitava. E não era somente ele. A análise dos vídeos de Washoe, por exemplo, os levou a detectar falhas metodológicas e a concluir que, sem perceberem, os que tinham contato com Washoe lhe davam informações. Num artigo que teria muita repercussão, o grupo de Terrace, depois de distinguir nas línguas humanas o nível das palavras, que têm significado arbitrário e podem ser aprendidas em isolado, do nível das sentenças, em que

68 Introdução à (Bio)Linguística

as palavras mantêm relações entre si numa organização hierárquica, defenderia que (Terrace et al., 1979: 891)

> [s]e um macaco (ing. *ape*)[3] pudesse verdadeiramente criar uma sentença haveria razão para afirmar [...] que a "linguagem não é mais o domínio exclusivo do homem". A proposta deste artigo é avaliar essa afirmação, o que fazemos sumariando os principais traços de um amplo corpo de dados que coletamos de um chimpanzé exposto a uma língua de sinais durante seus primeiros quatro anos. O maior componente desses dados é o primeiro *corpus* de enunciados do macaco com múltiplos sinais. Superficialmente muitos de seus enunciados parecem sentenças. Contudo, análises objetivas de nossos dados bem como daqueles obtidos em outros estudos não revelaram nenhuma evidência de uma habilidade do macaco para usar uma gramática. Cada exemplo de presumida competência gramatical poderia ser explicado adequadamente por processos não linguísticos simples.

Diferentemente de uma criança, os enunciados de Nim de três palavras, por exemplo, não tinham estrutura mais complexa que os enunciados de duas palavras:

> (2.2)
> *play me Nim*
> *eat me Nim*
> *eat Nim eat*
> *banana Nim eat*
> *banana eat Nim*
> *banana me eat*
> *me more eat*
> *more eat Nim*
> *nut Nim nut*
> *hug me hug*

E isso aconteceu até mesmo com um enunciado de 16 palavras:

> (2.3)
> *Give orange me give eat orange me eat orange give me eat orange give me you*

Uma característica marcante do uso linguístico de Nim foi obter alimento ou outra recompensa, e não identificar seres ou veicular informação. Os chimpanzés parecem ter a capacidade de aprender algum vocabulário, mas é no mínimo controverso se podem combinar gramaticalmente esses itens.

Voltando à pergunta...

Voltando à pergunta que dá início a este capítulo, ela só pode ser respondida uma vez que se tenha em mente um conceito preciso de *língua* e o que significa *falar uma língua*. Não é uma resposta simples, porque envolve questões como o conceito de *mente*. A pergunta tem como pano de fundo a discussão acerca de os organismos não humanos e humanos diferirem em grau ou em termos absolutos (veja Schultz e Schultz, 2006: 227 e ss.).

Parte das pesquisas sobre mentes animais parece ter reduzido o conceito de *mente* ao comportamento que podia ser observado. Isso explica a necessidade de comparação do comportamento linguístico conseguido pelo animal após o treinamento com as diferentes fases no desenvolvimento linguístico infantil. A manifestação linguística não implica necessariamente, porém, o domínio de uma língua. Diversos softwares simulam respostas de um ser humano. Pedimos o conserto de nossos telefones conversando com máquinas que dizem que não nos entenderam, ou que repetem um número e perguntam se ele está correto. Há softwares educativos para graduandos da área da Saúde, por exemplo, que simulam um paciente ou um profissional da Saúde. Penrose (1993: 11-12) apresenta um diálogo real, a distância, entre um computador e um ser humano, em que seria impossível ao paciente perceber que se consultava com uma máquina:

> (2.4)
> **Terapeuta:** Em que posso ajudar?
> **Paciente:** Não sei.
> **Terapeuta:** Procure lembrar alguma coisa sobre isso.
> **Paciente:** Não.
> **Terapeuta:** Pode desenvolver o que disse?
> **Paciente:** Estou doente e cansado hoje.
> **Terapeuta:** Tem qualquer ideia da razão disso?
> **Paciente:** Sim, eu sou velho.
> **Terapeuta:** Por favor, continue.
> **Paciente:** Perdi o interesse por tudo.
> **Terapeuta:** Diga-me mais sobre esses sentimentos.
> **Paciente:** Tenho também uma ideia da razão pela qual me sinto assim.
> **Terapeuta:** Sim?
> **Paciente:** Creio que sinto falta de uma família.
> **Terapeuta:** O que o faz achar que sente falta de uma família?
> **Paciente:** Há um questionamento nisso.
> **Terapeuta:** Por que isso é importante para você?

70 Introdução à (Bio)Linguística

Ao executar o programa, o computador-terapeuta produziu frases bem-formadas numa língua, mas não se consideraria que uma máquina com esse software instalado fosse um falante de uma língua, fosse esta qual fosse.

Pode-se alegar que a máquina não tem os componentes de um corpo animal, e que animais não podem ser colocados no mesmo conjunto das máquinas. Restringindo a discussão apenas a animais, até que ponto afirmações sobre o conhecimento passivo que teriam de algumas palavras da língua do pesquisador muitas das vezes diferem de afirmações de não especialistas sobre seus cachorros e gatos entenderem a língua do dono, por exemplo? E até que ponto são comparáveis o sucesso linguístico obtido por um animal numa pesquisa milionária e o obtido por qualquer criança?

Em termos metodológicos, muitos dos textos evocam o que ficou conhecido como *efeito Clever Hans*[G], o efeito do observador sobre o objeto da pesquisa. Em outras palavras: o chimpanzé falava tanto quanto o cavalo Clever Hans fazia contas, soletrava corretamente e dizia as horas, porque, sem perceber, seu dono lhe passava informações (para detalhamento da história de Clever Hans, veja Schultz e Schultz, 2006: 233-235). Ademais, afirmações sobre *linguagem* não são afirmações sobre *inteligência*.

Especialmente a pesquisa com Gua revela o pressuposto de que um chimpanzé, uma vez criado como um ser humano, agiria como um ser humano, incluída a linguagem nesse comportamento aprendido. Essa hipótese apenas ampliava o contexto de aplicação de que a linguagem, como todo comportamento, seria resultante da coerção social. Esse pensamento foi dominante no início do século xx mesmo dentre aqueles linguistas que consideraram a linguagem uma faculdade unicamente dos seres humanos, e está representado, por exemplo, na afirmação de Câmara Jr. (1973: 25) reproduzida a seguir:

> o indivíduo não cria sua linguagem [...]. Faz tão somente aplicação daquela que a sociedade lhe ministrou. Podemos até dizer que ela lha impôs, depreendendo daí [...] uma coerção coletiva [...].

Se a linguagem for considerada o resultado da imposição social, faria diferença se aquele que a aprende é um ser humano ou um papagaio?

Ninguém nega que os animais têm formas de comunicação, como não se nega que animais tenham inteligência, mas não é esse o ponto em debate: eles podem desenvolver uma língua? Como notaram Gazzaniga e Heatherton (2005: 371) no tocante às experiências com chimpanzés e a ASL,

> diferentemente mesmo da criança pequena que com suas primeiras palavras nomeia, comenta e pede, entre outras coisas, todos os chimpanzés usavam a ASL quase exclusivamente para obter alguma coisa, para pedir. O que os chimpanzés pareciam apreciar era o poder da linguagem para obter resultados [...]. No final, os chimpanzés eram capazes de usar fragmentos de linguagem só para conseguir alguma coisa de seus cuidadores (comida, mais comida) e não para expressar verdadeiramente significados, pensamentos e ideias [...].

Assim, afirmações sobre um animal ter a faculdade da linguagem tal qual a têm os seres humanos trazem à mente uma observação de Noam Chomsky na *Discover* (apud Sternberg, 2008: 322; Eysenck e Keane, 2007: 308):

> Se um animal tivesse a capacidade biologicamente tão vantajosa quanto à linguagem, mas, por alguma razão, não a tivesse utilizado até agora, seria um milagre evolutivo, como encontrar uma ilha com seres humanos que pudessem ser ensinados a voar.

Além disso, como nota Chomsky (c.p.), afirmações sobre esses animais terem o desempenho linguístico na ASL de uma criança de 2 anos faz tanto sentido como declarar que nosso instinto para voltar ao lar (ing. *homing instinct*) se assemelha ao de um pombo com uma semana de vida – afinal, voltamos para casa todas as noites.

O fato de ser possível ensinar um cão a andar sobre as patas traseiras não retira do andar bípede o fato de ser este parte do código genético dos seres humanos.

Notas

[1] Psicólogo norte-americano (1876-1956) que se dedicou ao estudo da inteligência de seres humanos e de primatas.

[2] Literalmente, "o que isso?".

[3] A distinção no inglês entre *ape* e *monkey* desaparece no português *macaco*. Se *monkey* pode ser aplicado a qualquer macaco, *ape* é empregado quando se quer ressaltar a semelhança com os seres humanos. *Chimpanzés* e *gorilas*, por exemplo, poderiam ser denominados *apes*, ao passo que *saguis* e *lêmures* não – seriam *monkeys* (Dante Teixeira, c.p.).

Para ir além

Para a comparação entre *língua* e *comunicação animal*:
• o texto clássico de Hockett (1958: 569-586), sem tradução para o português;
• Câmara Jr. (1973: 15-18);
• Deacon (1992: 128-133), sem tradução para o português.

Sobre ensino de uma língua a animais:
• Fouts (1998) relata a experiência com Washoe;
• o capítulo VII de Johansson (2005), sem tradução para o português, apresenta um panorama dos estudos com as diferentes espécies.

Sobre evolução:
• Stanford (2004);
• no tocante às línguas, Franchetto e Leite (2004).

Sobre Alex, o papagaio:
• Pepperberg (2009).

On-line

• A obra de Darwin, *The Descent of Man* está completa:
<http://www.online-literature.com/darwin/descent_man/>.

• Sobre Clever Hans, veja:
<http://en.wikipedia.org/wiki/Clever_Hans>;
e, ainda, bem menos detalhado, mas em português:
<http://pt.wikipedia.org/wiki/Hans_esperto>.

PARTE 3
Linguagem: natureza e ambiente

No início do século XX (como em qualquer época), a Linguística refletia em seus especialistas o pensamento dominante de seu tempo. Os linguistas estavam a par das pesquisas sobre as profundas relações entre a linguagem e o funcionamento do cérebro. Mas o que o trabalho dos linguistas teria a ver com isso, se a Linguística era uma ciência social?

A insistência em que a linguagem resulta de um esforço da humanidade que deu a órgãos do corpo humano ("os pulmões, o tubo da traqueia, a boca e as fossas nasais") uma "aplicação secundária e, fisiologicamente falando, *excrescente*", comparável ao uso dos dedos para tocar piano e dos "joelhos para o gesto simbólico de genuflexão" (Câmara Jr., 1973: 19, citando Edward Sapir – grifo no original) não consegue explicar a uniformidade do desenvolvimento linguístico na espécie, nem os problemas decorrentes da ausência de exposição a uma língua nos primeiros anos de vida.

Diferentemente de uma atividade puramente cultural, que pode ser aprendida a qualquer altura da vida, em qualquer ordem em relação a outros aprendizados sociais, a linguagem é tão profundamente parte da natureza humana que conta com um *período sensível* para a interação dos aspectos inatos com o ambiente.

O ambiente afeta o desenvolvimento linguístico?

Nos capítulos anteriores a *linguagem* foi definida como uma faculdade humana, radicada na mente/cérebro. A linguagem, portanto, faz parte da natureza humana. Um dos argumentos para defender o quanto o organismo humano está preparado para extrair uma gramática a partir de dados esparsos no ambiente é a rapidez com que se dá a aquisição de uma língua numa fase bem determinada da vida do indivíduo. Mas considerar que a linguagem faz parte da natureza humana significa que o ambiente é irrelevante na aquisição linguística? Haveria um papel para o ambiente no desenvolvimento linguístico? O que aconteceria a uma criança que crescesse sem contato com uma língua, ou cujo contato sofresse limitações?

Ao longo dos séculos a questão de que língua surgiria num ambiente sem língua alguma – o que reproduziria a situação adâmica – serviu a muita especulação e a experimentos que não seguiram nenhum código de ética, como se pode concluir a partir dos excertos a seguir.

Heródoto, *História*

II – Os egípcios, antes do reinado de Psamético, julgavam-se o povo mais antigo da Terra. Tendo esse príncipe procurado saber, ao subir ao trono, que nação tinha mais direito ao referido título, disseram-lhe que pensavam serem os frígios mais antigos do que eles, egípcios, embora eles o fossem mais do que qualquer outro povo. Como as pesquisas do soberano haviam sido, até então, infrutíferas, imaginou ele um meio engenhoso para chegar a uma conclusão: tomou duas crianças recém-nascidas e de baixa condição, entregando-as a um pastor para criá-las entre os rebanhos, ordenando-lhe não pronunciar nenhuma palavra diante delas, a mantê-las encerradas numa cabana solitária e a levar com regularidade cabras para alimentá-las. Psamético pretendia, com isso, saber qual a primeira palavra que seria pronunciada pelas crianças quando deixassem de emitir sons inarticulados. Suas ordens foram rigorosamente cumpridas. Dois anos depois, o pastor começou a observar que, quando abria a porta e entrava na cabana, as crianças, arrastando-se para ele, punham-se a gritar "becos", estendendo as mãos. A primeira vez que o pastor ouviu-as pronunciar tal palavra não deu importância; mas tendo notado que elas repetiam sempre o mesmo vocábulo quando entrava, levou o fato ao conhecimento do rei, exigindo este a presença das crianças. Depois de ouvi-las repetir o vocábulo, o soberano procurou informar-se entre que povos tinha curso a palavra "becos", vindo a saber que os frígios denominavam assim o pão. Os egípcios confessaram-se vencidos e concluíram dessa experiência serem os frígios mais antigos do que eles.

III – [...] os gregos envolveram no caso grande número de circunstâncias frívolas e, entre outras, haver Psamético feito alimentar e criar os recém-nascidos por mulheres às quais mandara cortar a língua (Heródoto, s.d.: 143-144).

Salimbene de Parma, *Cronaca*
[Frederico II] queria descobrir que língua e dialeto as crianças usariam, ao alcançar a adolescência, se jamais tivessem tido a oportunidade de falar com alguém. Assim ele ordenou às babás e às amas que dessem leite aos bebês, proibindo-as de falar com eles. Queria descobrir se as crianças falariam hebraico, que foi a primeira língua, ou ainda grego, ou o latim, ou árabe; ou ainda se não seria o caso de sempre falarem a língua dos próprios pais. Mas o experimento não deu nenhum resultado, porque todas as crianças ou bebês morreram (apud Eco, 1995: XII).

Robert Lindesay of Pittscottie, *History and Chronicles of Scotland*
O rei [James IV da Escócia] tomou uma mulher muda, e a colocou em Inchkieth, e lhe deu duas crianças pequenas para companhia, e proveu-as de tudo o que fosse necessário no tocante ao sustento, isto é, comida, bebida, fogo e velas, roupas, com todos os tipos de coisas que são necessárias a homem ou mulher, pretendendo com isso vir a saber que língua as crianças falariam quando chegassem à maioridade. Alguns dizem que falaram bom hebraico, mas quanto a mim, sei apenas por ouvir dizer (apud Crystal, 1987: 288).

No que se segue serão focalizados dois tipos de situações: (a) quando a experiência linguística está ausente; e (b) quando a experiência linguística é limitada. No primeiro caso não se desenvolve uma língua, apesar de o indivíduo poder adquirir mais tarde, superada essa situação, um vocabulário de extensão razoável. Além disso, o sucesso na aquisição tardia de uma língua materna parece estar fortemente relacionado à idade em que esse processo tem início.

No segundo caso, as experiências são variadas, mas demonstram o quanto o organismo humano está preparado para o desenvolvimento de uma língua.

Situação 1: experiência linguística ausente

A certeza de que todas as crianças falam, não importam as condições em que são criadas, está registrada na famosa experiência levada a cabo na Antiguidade pelo rei egípcio Psamético I (663-610 a.C.), imortalizada na narrativa do historiador grego Heródoto (484-425 a.C.); também no experimento que teria sido levado a cabo por Frederico II (1194-1250), imperador do Sacro Império Romano; ou ainda, algum tempo mais tarde, por James IV da Escócia (1473-1513), reproduzidas no capítulo anterior. Todos esses soberanos esperavam saber que língua sairia da boca de crianças submetidas ao isolamento linguístico, na certeza de que haveria uma.

Essa certeza encontrou acolhida também na ficção. A imagem da loba em alerta alimentando os gêmeos Rômulo e Remo mistura-se com a história da fundação de Roma e parece ter servido de inspiração para o personagem Mogli.

Mogli, surgido no conto "In the Rukh" (Na floresta), de Rudyard Kipling (1865-1936), falava com perfeição, embora criado por lobos. *Tarzan of the Apes* (Tarzan dos macacos), de Edgar Rice Burroughs (1875-1850), inicialmente publicado em 1912, numa revista impressa em papel barato, popularizou um herói órfão, John Clayton, Lord Greystoke, criado por uma espécie de macacos desconhecida da ciência, depois que sua família foi abandonada na costa da África por marinheiros amotinados e terem todos os familiares morrido, salvando-se ele. O herói foi rebatizado *Tarzan* por sua família adotiva de macacos.

Essa certeza de que todas as crianças falam conflita com os relatos sobre *crianças-lobos*, histórias cujo reflexo encontrou eco na classificação dos primatas do gênero *Homo*, de Carl von Linné, nome mais conhecido na forma latina, Linnaeus (na forma portuguesa, Lineu): o *Homo ferus* não teria fala.

78 Introdução à (Bio)Linguística

Para Linnaeus (1758: 20), o *Homo ferus* seria "tetrapus, mutus, hirsutus" (quadrúpede, mudo, hirsuto), e deles Lineu arrolou seis espécimes:

(3.1)
1. *Juvenis ursinus Lithuanus*, 1661 ('o rapaz-urso da Lituânia');
2. *Juvenis lupinus Hessensi*, 1344 ('o rapaz-lobo de Hessen, Alemanha');
3. *Juvenis ovinus Hibernus* [...] ('o jovem-carneiro da Irlanda [lat. *Hibernia*]');
4. *Juvenis Hannoveranus* ('o jovem de Hanover, Alemanha' ou 'Pedro de Hanover');
5. *Pueri 2 Pyrenaici*, 1719 ('duas crianças dos Pirineus');
6. *Johannes Leodicensis* ('João de Liège [lat. *Leodicum*], Bélgica').

Lineu mencionava um aspecto do desenvolvimento linguístico que começaria a receber bastante atenção cerca de trezentos anos mais tarde: a importância, para a criança, do convívio humano em ambiente estimulante para que possa ser fluente na sua língua. Em outras palavras: só a biologia não basta.

Surgidos das florestas ou não se sabe de onde, com passado obscuro, desgrenhados e sem fala, esses jovens quase animais povoaram o imaginário de muitas gerações. Não falavam hebraico nem grego, nem língua alguma. Aqueles que tentaram ensinar-lhes uma língua e registraram essas tentativas deixaram claro o quanto a tarefa era difícil. Podiam não ser quadrúpedes no sentido em que se aplica o termo a um cão ou a um gato, mas podiam ter sua locomoção severamente comprometida, como se verá adiante com "Genie", "Isabelle" e "Anna", em decorrência de desnutrição, agravada por outros tipos de maus-tratos.

Para os heróis da ficção, como Mogli ou Tarzan, o isolamento do convívio humano não redundou em isolamento linguístico. Afinal, os animais falam, e muito, nas histórias infanto-juvenis. Há, porém, um conjunto forte de evidências de que o ambiente é necessário para servir de gatilho à faculdade da linguagem, que é partilhada por todos os seres humanos. E isso terá de acontecer num período bem específico da vida, sob pena de sequelas graves.

Os casos de privação de contato linguístico conhecidos: (a) derivam de situações em que a criança se viu fora de qualquer comunidade, isolada de outros seres humanos; ou (b) são consequência de situações de confinamento, que poderiam ser definidas como condições de abuso de incapaz. Na maior parte das vezes, os casos conhecidos foram mal documentados, mas revelam uma característica em comum: que os indivíduos não falavam ao serem encontrados.

A denominação *crianças selvagens* (do inglês *wild children*; também *feral children*) vem sendo aplicada a crianças que cresceram na selva sozinhas ou criadas por animais, encontradas em condições de privação total ou quase total do contato humano, e, consequentemente, privadas do contato com uma língua (Curtiss et al., 2004: 126). A denominação tem sido estendida a outros casos extremos de isolamento linguístico, mesmo que urbanos (como em Bear, Connors e Paradiso, 2002: 521).

Tais casos são mais comuns do que seria de se imaginar. Para um período de cerca de seis séculos e meio, entre 1344 e 1970, Crystal (1987: 289) lista 47 casos de indivíduos encontrados nessas condições[1] em diferentes partes do mundo, 19 deles sem idade determinada e os demais 28 indivíduos em idades que iam dos 2 aos 23 anos. Na internet, o site FeralChildren.com, assinado por Andrew R. Ward, lista um número bem maior de casos, aumentada a faixa de tempo compreendida.

Aos casos arrolados por Lineu, anteriormente citados em (3.1), somam-se inúmeros outros de crianças que foram comparadas a diferentes animais, tais como lobos, ursos, porcos, ovelhas, gazelas. As aspas que envolvem os nomes desses indivíduos indicam que esse nome pode não ser o de registro.

> **"Victor", o menino selvagem de Aveyron**
> **(Fontes: Crystal, 1987: 289; Sacks, 2005: 23-24)**
> "Victor" de Aveyron é um dos casos famosos de crianças que cresceram isoladas numa floresta. "Victor" foi visto pela primeira vez com cerca de 11 anos, em 1799. Andava de quatro, comia bolotas de carvalho e vivia nas florestas de Aveyron (França).
> "Victor" não falava ao ser encontrado, e não veio a falar, embora tenha alcançado alguma compreensão.

Em épocas mais recentes, os casos de isolamento linguístico resultam, com mais frequência, de confinamento. A seguir, comentam-se quatro desses casos: Kaspar Hauser, "Isabelle", "Anna" e "Genie".

> **Kaspar Hauser**
> **(Fontes: Sacks, 2005: 23-24; Skuse, 2004: 29-30)**
> Kaspar Hauser foi descoberto com cerca de 16 anos numa rua de Nuremberg (Alemanha) em 1828. Portava uma carta onde se contava sua história.
> Quando tinha 6 meses, sua mãe viúva deu-o a uma família que, cerca de quatro anos mais tarde, passaria a mantê-lo isolado num porão, amarrado por correntes.
> Ao ser encontrado não falava mais que seis palavras; cerca de quinze meses mais tarde era capaz de enunciados complexos como qualquer adulto.

80 Introdução à (Bio)Linguística

"Isabelle"
(Fontes: Pinker, 1994; Gleitman e Newport, 1995; Skuse, 2004)

"Isabelle" é pseudônimo. Seu caso foi estudado nos anos 1940.

"Isabelle" era filha ilegítima e, por essa razão, o avô a encarcerou a ela, mas também à filha surda, mãe da menina, num sótão escuro de uma casa em Ohio (EUA), onde ambas viveram até serem libertadas, em novembro de 1938. Nessa época "Isabelle" tinha cerca de 6 anos. Ao ser encontrada, não falava; apenas emitia uma espécie de grasnido. Pensou-se a princípio que era surda. A menina havia desenvolvido raquitismo e suas pernas eram tão arqueadas que, de pé, as solas dos pés quase se juntavam.

Uma semana depois do resgate, "Isabelle" começou a vocalizar. Um ano mais tarde, isto é, aos 7 anos, falava como uma criança de 7 anos, como ilustram os exemplos em (3.2).

(3.2)
What did Miss Mason say when you told her I cleaned my classroom?
('O que Miss Mason disse quando você lhe contou que limpei minha sala de aula?')
Do you go to Miss Mason's school at the university?
('Você vai ao departamento de Miss Mason na universidade?')

No cativeiro, ela e a mãe surda haviam desenvolvido um sistema doméstico de sinais para comunicação, o que, muito possivelmente, veio a facilitar o sucesso de "Isabelle" no domínio do inglês.

"Anna"
(Fontes: Skuse, 2004: 33; Davis, 1988)

Em fevereiro de 1938, uma outra menina de 6 anos, desta vez na Pensilvânia (EUA), foi encontrada também em situação de privação na casa do avô, também em razão de ser filha ilegítima, neste caso de mãe com problemas mentais.

Nos primeiros quatro meses de vida "Anna" passou por diversos lares e instituições, em tentativas de que fosse adotada. Ao que parece um dos complicadores para a adoção era seu estado de saúde, uma vez que nessa idade já apresentava vaginite, impetigo, hérnia umbilical e *rash*.

Aos 5 meses e meio, sem condições de pagar para manter a menina num lar adotivo particular, para onde fora transferida, a mãe de "Anna" levou-a novamente para a casa do avô. Até ser encontrada, "Anna" viveu presa a uma cadeirinha, com os braços amarrados sobre a cabeça. Foi alimentada pela mãe, durante todo esse tempo, apenas com leite de vaca. Ao ser encontrada, o estado de desnutrição não lhe permitia andar. Também não falava. Não era capaz de se alimentar, mesmo que o alimento lhe fosse apresentado.

Na primeira instituição das várias por onde passaria, a princípio pensou-se que era surda e talvez cega, em razão da completa apatia. Mais tarde se percebeu que ela não reagia a vozes [o que Lenneberg (1967: 107) afirma que uma criança de 16 semanas já faz] ou palmas, mas reagia ao som de um relógio.

Um ano e meio depois de ser resgatada, "Anna" foi transferida para um lar para crianças retardadas. Em novembro de 1939 ainda não falava. Em abril de 1940 balbuciava. Em julho de 1941 falava como uma criança de 2 anos. Antes de morrer de icterícia, em 6 de agosto de 1942, repetia palavras isoladas e tentava entabular conversas.

"Genie"
(Fontes: Curtiss et al. 2004; Gleitman e Newport, 1995; Skuse, 2004; Grimshaw et al., 1998; Pinel, 2005)

Talvez o caso mais famoso em tempos recentes e certamente aquele mais bem documentado é o de "Genie". A história de "Genie" é dramática. Aos 14 meses recebeu diagnóstico de retardo mental; a partir dos 20 meses o pai a fez viver amarrada a um troninho ou, para dormir, presa numa vestimenta que lhe permitia apenas movimentos de mãos e de pés. O pai a espancava caso emitisse sons e eventualmente latia para ela. Além desse, o único som que ouvia era o do banheiro contíguo ao quarto que lhe servia de cela. A menina foi descoberta na Califórnia (EUA) em 1970, já com 13 anos, quando a mãe quase cega conseguiu fugir de casa. O pai suicidou-se pouco depois. Em 1974 o grupo de cientistas em torno dela perdeu o financiamento da pesquisa, que seria encerrada no ano seguinte. A mãe conseguiu na Justiça que nenhum desses cientistas pudesse contatar "Genie" e obteve novamente a guarda da filha. Como era muito difícil cuidar de "Genie", a mãe a entregaria para diversos lares de adoção, onde "Genie" viria a sofrer mais abusos.

Ao ser encontrada, "Genie" media 1,35 m e pesava 28,1 kg, o que levou a pensar que fosse bem mais nova. Não ficava de pé, não mastigava, tinha dificuldade para engolir, não controlava intestino ou bexiga. Não tinha controle sobre os órgãos da fala; não só não falava como não emitia nenhum som vocal.

Sete meses depois do resgate já era capaz de compreender cerca de duzentas palavras, embora a produção vocal fosse caracterizada como "guinchos" de difícil compreensão. Não há relatos sobre os resultados das tentativas de lhe ensinar a língua de sinais norte-americana (ou ASL).

"Genie" aprendeu algum vocabulário, mas os déficits na sintaxe eram evidentes, como exemplificado a seguir (Susan Curtiss, apud Pinker, 1994: 292; também em *FeralChild.com*).

(3.3)

Applesauce		*buy*		*store* (abr. 1972)	
('compota de maçã		comprar		loja')	

Genie	*bad*	*cold*	*live*	*father*	*house* (out. 1973)
('Genie	forte	gripe	viver	pai	casa')

Genie	*have*	*mama*	*have*	*baby*	*grow up* (maio 1975)
('Genie	ter	mamãe	ter	neném	crescer')

Por que uma diferença tão grande entre os progressos conseguidos, por exemplo, por "Genie" e por Kaspar Hauser? A resposta tem muito de especulação, mas uma possibilidade é a experiência linguística no início da vida que um deles teve, mas não o outro:

> Por que Kaspar conseguiu resultados tão bons e os de Genie foram tão ruins? Talvez, simplesmente, Kaspar já houvesse aprendido um pouco da língua, adquirido a competência linguística de uma criança de 3 anos, antes de ser confinado, ao passo que Genie vivera totalmente isolada desde os 20 meses de vida. Esse um ano de uso da língua, de fato, pode fazer toda a diferença: verificamos isso em crianças que ficaram surdas de repente, digamos, aos 36 meses de idade e não aos 24 (Sacks, 2005: 66).

Aparentemente, o período de experiência linguística, por menor que seja, parece ser relevante como base para o desenvolvimento de uma língua, mesmo que muitos anos mais tarde:

> Parece que mesmo uma curta exposição à linguagem – um breve momento durante o qual a cortina foi levantada e a comunicação oral estabelecida – é suficiente para propiciar à criança algum fundamento sobre o qual muito da linguagem pode se basear posteriormente (Eric Lenneberg, apud Northern e Downs, 2005: 4; repetido na p. 119).

Esse breve momento teria, por exemplo, possibilitado a Helen Keller (1880-1968), que ficou surda e cega em razão de uma meningite aos 19 meses de idade (Northern e Downs, 2005: 4; Sternberg, 2008: 294),[2] o desenvolvimento linguístico que conseguiria mais tarde.

Fig. 6 – Helen Keller.

Mas por que tanta diferença entre Helen e "Genie"?

A vida de ambas mudou em torno dos 20 meses, embora não se possa atestar como teria sido a exposição de "Genie" a uma língua nesse período inicial, que poderia ter possibilitado o desenvolvimento linguístico posterior. Quando começou a aprender inglês, "Genie" tinha quase 14 anos. Mesmo assim, "Genie" conseguiu algum desenvolvimento no tocante ao domínio do inglês. Em outras palavras, ela conseguiu reverter, ainda que não com sucesso completo, a situação de ausência de uma língua. Por outro lado "Genie" sofreu tantos abusos e privações que seu passado pode "ter interferido em sua habilidade de aprender" (Pinker, 1994: 292).

Chamou a atenção dos pesquisadores que a atividade linguística da menina ocorria, principalmente, não no hemisfério esquerdo, mas no hemisfério direito (Curtiss et al., 2004: 140-142; Gazzaniga e Heatherton, 2003: 364) e, nesse sentido, seu caso se assemelhava ao de pacientes de que havia sido retirado o hemisfério esquerdo do cérebro, ou que haviam sofrido uma lesão cerebral precoce (Pinel, 2005: 424). Uma possível explicação seria que, sem a exposição a uma língua na infância, a especialização da linguagem no hemisfério esquerdo seria prejudicada e, em decorrência, seria prejudicado o desenvolvimento linguístico normal.

Notas

[1] Em pelo menos dois casos dessa lista, a situação resultou de confinamento.

[2] Em sua biografia, Helen Keller afirma ter nascido em 27 de junho de 1880 e que andou no dia em que completou 1 ano, mas que em fevereiro sobreveio a doença. Isso soma 20 meses.

Situação 2: *input* linguístico limitado

Retomam-se aqui as palavras de Helen Keller, citadas à exaustão, em carta de 1910 a John Kerr Love sobre o isolamento causado pela surdez:

> sou tão surda quanto cega. Os problemas da surdez são mais profundos e mais complexos, se não mais importantes do que os da cegueira. A surdez é um infortúnio bem pior, porque significa a perda do estímulo mais vital – o som da voz, que traz a linguagem, permite o pensamento e nos mantém na companhia intelectual do Homem.

A referência que aqui se faz à surdez é sempre a casos de perda auditiva profunda bilateral. As perdas auditivas são classificadas quanto ao grau, levando em conta o melhor ouvido. Partindo da audição normal, com perdas de até 25 dB, tem-se diferentes níveis de perda (Goldfeld, 2003: 97):

a. leve: de 26 a 40 dB;

b. moderada: de 41 a 70 dB;

c. severa: de 71 a 90 dB;

d. profunda: a partir de 91 dB.

Crianças surdas com pais ouvintes

Três em cada mil crianças nascem com perda auditiva bilateral permanente e significativa, e outras três adquirirão a surdez no início da infância (Northern e Downs, 2005: 4). Cerca de 90% a 96% das crianças com surdez pré-linguística – isto é, que nasceram surdas ou ficaram surdas até os 3 anos – têm pais ouvintes (Mogford, 1988: 114; Pinker, 1994: 39) que, em geral, não são usuários de uma língua de sinais ou que não a usam como um falante

Situação 2: *input* linguístico limitado **85**

nativo. Sem a audição, pode-se criar uma situação de isolamento, se não se der a essas crianças outra opção que não uma língua oral, e o desenvolvimento linguístico pode tornar-se muito difícil, como ilustra o caso de "Chelsea".

"Chelsea"
(Fontes: Gleitman e Newport, 1995: 10-13; Pinker, 1994: 292-293)

"Chelsea" (Califórnia, EUA) era surda, mas os diferentes médicos que a atenderam não perceberam a surdez e a diagnosticaram como "retardada ou emocionalmente perturbada". Apenas aos 31 anos um neurologista percebeu que o problema da paciente era surdez. O isolamento de "Chelsea" era, portanto, diferente dos casos anteriores.

Com a ajuda de aparelho auditivo, "Chelsea" passou a ouvir. Não conseguiu, porém, no tocante à língua, alcançar um mínimo de estrutura gramatical, embora tenha aprendido vocabulário razoável (cerca de duas mil palavras), tenha aprendido a ler, a escrever, a comunicar-se e tenha até mesmo arranjado um emprego. Alguns exemplos de seus enunciados:

(3.4)
Breakfast   *eating*   *girl*
('Café da manhã   comendo   garota')

Banana   *the*   *eat*
('Banana   a[ArtDef]   comer')

The   *woman is*   *bus*   *the*   *going*
('a[ArtDef]   mulher está   ônibus a[ArtDef] indo')

I   *Wanda be*   *drive*   *come*
('Eu   Wanda ser   dirigir   vir')

À primeira vista parece estranho que durante cerca de trinta anos os médicos não tenham percebido a surdez de "Chelsea" e tenham diagnosticado algo tão distante do problema que ela efetivamente tinha. Esse parece ser, porém, um erro comum. A ponto de ser possível encontrar na internet uma página intitulada "Surdez tomada como retardo mental: quando surdos são rotulados retardados", assinada por Jamie Berke (<http://deafness.about.com/cs/featurearticles/a/retarded.htm>).

"É muito comum a surdez de um bebê não ser notada, mesmo por pais inteligentes e em outros aspectos observadores, e ser diagnosticada tardiamente, quando a criança deixa de desenvolver a fala. O diagnóstico adicional de 'retardo mental' também é muito comum, e pode permanecer pelo resto da vida. Muitos hospitais e asilos para doentes mentais tendem a abrigar vários pacientes surdos congênitos considerados 'retardados', 'alienados' ou 'autistas' que podem não ser nada disso mas

> ter sido tratados como tais e privados de um desenvolvimento normal desde o início da vida" (Sacks, 2005: 50).
> Ainda segundo Sacks (2005: 44), a percepção de surdez em crianças de até 12 meses é bastante difícil.

A ideia muito comum de que as crianças surdas com níveis de perda de audição muito elevados podem aprender com facilidade uma língua oral lançando mão da leitura labial é ingênua e, como nota Sacks (2005: 43), não leva em conta que uma criança com surdez pré-linguística profunda não tem nenhuma inclinação inata para falar. Como distinguir, por exemplo, apenas com o auxílio da visão, duas consoantes como /p/ e /b/, em tudo idênticas a não ser pela vibração das cordas vocais? Ou como /m/ e /b/, que se distinguem pelo movimento do véu palatino? Some-se a isso que os sons não são ditos isoladamente e a aparência dos lábios varia em razão do contexto fonético. Como perceber onde está o acento? Ou perceber as curvas melódicas que diferenciam uma pergunta de uma afirmação?

Deixando de lado o fato de que a leitura labial é difícil mesmo para falantes com audição normal, um indivíduo com surdez pré-linguística severa ou profunda não tem memória de como é o som da fala e não tem como monitorar pela audição o som que produz.

A importância do monitoramento auditivo para a produção da fala é focalizada por Zemlin (2000: 330):

> Quase todas as interrupções do *feedback* auditivo resultam em degradação da produção da fala. Isso fica mais evidente na fala das crianças que perderam a audição bem cedo. Uma vez que a fala foi bem estabelecida, o papel do *feedback* auditivo pode ser diminuído, como demonstram os indivíduos que tiveram perdas de audição graves com mais idade, mas que conseguem manter a articulação adequada [...].

A importância do *feedback* auditivo é muito maior do que nos damos conta. Experiências com indivíduos ouvintes em que se aplicava um atraso de duzentos milissegundos à chegada do som da própria fala aos ouvidos demonstraram que isso foi suficiente para tornar a fala "hesitante, borrada e repetitiva (parecida com o gaguejar)", além de afetar a prosódia (Zemlin, 2000: 330).

Os efeitos da impossibilidade do monitoramento auditivo tomam parte[1] na diferença que se percebe na emissão de fala de muitos surdos congênitos quando comparada à fala de ouvintes (e permite começar a perceber o enorme esforço que despenderam para chegar a falar). Mogford (1988: 120-121) reporta estudo com 110 crianças de escolas especiais para surdos e ouvintes parciais cuja fala, em 64% dos casos, era considerada ininteligível ou difícil de acompanhar por leigos.

"Sinais domésticos"

Crianças com surdez profunda pré-linguística que crescem com familiares ouvintes num ambiente normal (isto é, bem diferente daquele em que, por exemplo, "Genie" cresceu) sem serem expostas a uma língua de sinais, em geral desenvolvem "seus próprios sistemas gestuais de comunicação", ou *sinais domésticos* (ing. *homesign*), que são compreendidos por conta de sua iconicidade, como uma mímica (Grimshaw et al., 1998: 240-241).

Os pais ouvintes normalmente não interagem com a criança usando esse gestual; antes preferem simplesmente apontar para objetos ou gesticular com um objeto que estiver por perto enquanto falam (Gleitman e Newport, 1995: 7).

Os *sinais domésticos* podem ser caracterizados como

> um sistema gestual individual altamente icônico e mimético, que consiste numa série de gestos indicatórios (para representar agentes e objetos) ligados por gestos de ação (Grimshaw et al., 1998: 240).

Gleitman e Newport (1995: 8) enfatizam, porém, que esse sistema doméstico não se desenvolve a ponto de transformar-se numa *língua natural*[G], seja ela oral ou de sinais. Essa experiência foi relatada, por exemplo, por Helen Keller, que reporta o uso de sinais com sua amiga Martha Washington, a filha da cozinheira: por volta dos 5 anos, já se ressentia de que os poucos sinais que usava se tornavam "cada vez mais inadequados" (Keller, 1909: 14). Esses sistemas carecem da parte funcional de uma língua natural, como artigos ou verbos auxiliares (Gleitman e Newport, 1995: 8). Afinal, nenhuma língua, seja oral ou de sinais, é biologicamente dada.

Os sinais domésticos rapidamente são substituídos pelos da língua de sinais se essas crianças são colocadas em contato com uma (Grimshaw et al., 1998: 240-241).

E se várias crianças surdas, cada uma com seu sistema doméstico, fossem colocadas em contato umas com as outras, mas sem ter uma língua de sinais?

A LSN e o ISN

Há situações de contato linguístico em que surge uma língua que não é língua nativa de nenhuma das partes envolvidas. Essas línguas são denominadas *pidgins*. O conceito de *pidgin* foi estendido ao estudo das línguas de sinais com a documentação da Lenguaje de Señas de Nicaragua (LSN) e com o Idioma de Señas de Nicaragua (ISN).

A Nicarágua assistiu à criação das primeiras escolas para surdos em 1979, todas, a princípio, com ensino oralista. Até então não havia uma língua de sinais no país e, consequentemente, não havia uma comunidade surda. Fora da sala de aula, porém, as crianças surdas começaram a comunicar-se lançando mão dos sinais domésticos que cada uma trazia. Surgia um *pidgin*, a Lenguaje de Señas de Nicaragua (LSN). Como um *pidgin*, a LSN tem níveis variados de fluência e os signos "dependem mais de circunlóquios elaborados e sugestivos que de uma gramática consistente" (Pinker, 1994: 36).

Quando a LSN já estava correntemente em uso entre os jovens dessas escolas, os novos alunos, aqueles que chegavam a essas escolas, passaram a empregá-la. Desenvolveu-se, então, uma língua de sinais, o Idioma de Señas de Nicaragua (ISN), com gramática consistente: os verbos passaram a ter mais flexão, houve aumento no número de classificadores de objeto, tamanho e forma; as narrativas tornaram-se menos dependentes de contexto; o espaço de sinalização tornou-se menor, com menos sinais para o espaço do corpo inteiro e mais marcações faciais de funções gramaticais (DeGraff, 1999: 487). Como uma língua, o ISN pode ser usado para a expressão de qualquer coisa, até mesmo da poesia. O ISN não é um *pidgin*, mas um *crioulo*, isto é, uma língua (no caso, uma língua de sinais) que se desenvolveu a partir de um *pidgin*.

Crianças surdas com pais que aprenderam tardiamente a língua de sinais

Crianças surdas que aprenderam uma língua de sinais de pais que não tinham a competência de um falante nativo conseguem superar as deficiências gramaticais que eles apresentavam. Um exemplo é "Simon" (Pinker, 1994: 38-39), estudado quando tinha 9 anos. Filho de pais surdos, tinha surdez profunda. Os pais haviam aprendido a American Sign Language (ASL) tardiamente,

Situação 2: *input* linguístico limitado **89**

quando tinham 15 e 16 anos. E mal, isto é, sem conseguir dominar muito da gramática da ASL. Seu filho, no entanto, superou todos os problemas gramaticais de seus pais e se tornou usuário nativo da ASL.

O estudo de usuários adultos de línguas de sinais por trinta ou mais anos vem demonstrando que é possível perceber diferenças entre eles quanto à qualidade do domínio linguístico inversamente proporcional à idade em que esses indivíduos começaram a usar a língua de sinais: (a) aqueles que a aprenderam antes dos 4 anos; (b) aqueles que a aprenderam dos 4 aos 6 anos; e (c) aqueles que a aprenderam depois dos 12 anos (Sternberg, 2008: 317). O que esses resultados significam? Para Grimshaw et al. (1998: 239), com relação às línguas de sinais, "embora os falantes nativos tenham ultrapassado o desempenho dos que a aprenderam na adolescência [...] os que a aprenderam com mais idade não eram linguisticamente incompetentes". DeGraff (1999: 487), especificamente no tocante ao ISN, toma por base o trabalho de Judy Kegl com Ann Senghas e Marie Coppola, e uma classificação diferente, tripartite, a saber: abaixo de 7 anos estariam os nativos fluentes; os que aprenderam dos 7 aos 15 teriam as características de aprendiz tardio. Mas a maior diferença na interpretação está no terceiro estágio, o de surdos que aprenderam a ISN depois dos 15 anos, isto é, já passado o período sensível para o desenvolvimento da linguagem, tendo até então apenas sinais domésticos. Para Kegl, Senghas e Coppola, citadas por DeGraff, esses indivíduos foram incapazes de adquirir algo além da nomeação.

Os casos de experiência linguística limitada evidenciam o quanto a linguagem é profundamente parte da natureza humana e o quanto o desenvolvimento de uma língua no homem se distancia dos resultados obtidos nas experiências com animais, focalizadas anteriormente.

O resultado com o treinamento de animais pode ser fantástico, mas é fantástico se os parâmetros utilizados forem os outros animais, não os seres humanos.

Lenneberg (1973), ao comparar a aquisição de uma língua ao aprendizado da escrita, demonstra como o homem está preparado para a primeira atividade. Quanto à escrita, é uma aquisição cultural. Não se aprende a escrever com a simples exposição a material escrito; também se pode aprender a escrever em qualquer época da vida, desde que já se tenha controle motor suficiente para o manuseio de materiais de escrita.

Nota

[1] Tomam parte porque a fonologia também está incompleta, como demonstra Mogford (1988: 120 e ss.).

Existe um período ideal para a aquisição linguística?

Diferentemente de uma atividade puramente cultural, que pode ser aprendida a qualquer altura da vida, em qualquer ordem em relação a outros aprendizados sociais, há evidências em favor de se considerar que o desenvolvimento da linguagem – mais exatamente, a aquisição da língua materna – está fortemente relacionada à experiência precoce com uma língua. Mais do que isso: que o organismo humano está fortemente preparado para o desenvolvimento desse comportamento.

Todos os casos relatados anteriormente têm em comum que as crianças isoladas não dominavam uma língua quando foram encontradas. A competência linguística alcançada posteriormente parece evidenciar forte correlação com a idade em que esses indivíduos foram resgatados. "Isabelle", que obteve mais sucesso, tinha apenas 6 anos; "Chelsea", por seu turno, passava dos 30 anos. Que papel teria a idade nesses casos?

As noções de período crítico e período sensível de desenvolvimento

A noção de *período crítico* para o desenvolvimento humano deriva de estudos em Biologia ainda no final do século XIX. Ganhou repercussão com o trabalho de Konrad Lorenz (1903-1989) na década de 1930, quando Lorenz determinou que os gansos, após romperem o ovo, contavam com um pequeno período de tempo, menor que um dia, para estabelecer quem tomar por mãe. Esse papel seria atribuído à primeira coisa que se movesse em seu campo de visão. Na ausência dessa condição no período previsto, não conseguiriam estabelecer esse vínculo nunca mais.

O *período crítico de desenvolvimento* pode ser definido como

> o tempo durante o qual um dado comportamento é especialmente suscetível a influências ambientais específicas – e de fato as requer – para se desenvolver normalmente (Purves et al., 2005: 521).

Em outras palavras, um comportamento inato, isto é, biologicamente determinado, precisará de ajuda do ambiente, mas num período de tempo determinado pelo organismo.

No tocante à linguagem, para desenvolver normalmente uma língua materna, uma criança deverá ser exposta a uma língua no período inicial de sua vida, período que se encerra para alguns pesquisadores por volta dos 6 (Pinker, 1994: 293) ou 7 anos de idade (Bloom, 1993); para outros, por volta da puberdade (Lenneberg, 1967). A ausência de exposição a uma língua nesse período terá consequências graves para o indivíduo, sem paralelo na ausência de experiência linguística em outra fase da vida.

A *hipótese do período crítico* surgiu ancorada no pressuposto, levantado por Penfield e Roberts (1959)[1] e por Lenneberg (1967)[2] de que as habilidades linguísticas dependeriam do processo de especialização do hemisfério cerebral esquerdo para a linguagem e que esse processo estaria completo por volta da puberdade (Curtiss et al., 2004: 140; Flynn e Manuel, 1991: 120). O estágio inicial do cérebro permitiria, potencialmente, que ambos os hemisférios assumissem a linguagem, mas gradualmente ela se especializaria no esquerdo.

A hipótese do período crítico para o desenvolvimento da linguagem é controversa porque prevê que, passado o período crítico, a aquisição da língua materna torna-se impossível. A dificuldade é que, mesmo fechada essa janela temporal, ainda é possível desenvolver alguns aspectos da linguagem, mesmo que não com tanta eficiência. Essa possibilidade de aquisição linguística, mesmo que repleta de dificuldades, tem levado a rever a denominação *período crítico*, que vem sendo substituída por *período sensível.*

A lateralização da linguagem não é explicação aceita por todos, porque alguns autores destacaram que a especialização do hemisfério esquerdo para a linguagem já estaria presente no primeiro mês de vida e, por conseguinte, não haveria aumento na lateralização, mas perda gradual de plasticidade no cérebro (Flynn e Manuel, 1991: 120). Haveria mais chances numa criança do que num adulto de uma área não dedicada à linguagem assumir a linguagem. Um exemplo extremo: as crianças submetidas à hemisferectomia em razão de epilepsia grave (como no estudo de Curtiss e Schaeffer, 2005) têm recuperação quase completa; por outro lado, esse "procedimento não é possível em adultos por causa das inevitáveis e permanentes paralisia e perda de função resultante" (Gazzaniga e Heatherton, 2005: 142).

Notas

[1] W. Penfield e L. Roberts, *Speech and Brain Mechanisms*, Princeton, Princeton University Press, 1959.

[2] Eric, Lenneberg, *Biological Foundations of Language*, New York, Wiley, 1967.

Etapas no desenvolvimento de uma língua

Aprendizado ou desenvolvimento?

Recém-nascidos não falam, as etapas de aquisição da língua em que a criança é criada são alcançadas seguindo um padrão universal que independe da língua e de correções que os adultos possam fazer em relação à fala da criança. Afinal, qual seria o papel da experiência no tocante à linguagem?

Essa questão leva à distinção entre dois processos: *desenvolvimento* e *aprendizado*. Na visão clássica da Psicologia, o *desenvolvimento* inclui

> as mudanças no organismo ao longo do tempo, que dependem primaria-mente da maturação ou de fatores internos que levam à expressão de informação especificada no genoma [...] (Kuhl, 2000: 100).

Por outro lado, o *aprendizado* abrange "processos que dependem de experiência explícita e produzem mudanças duradouras" (Kuhl, 2000: 100).

Na Linguística chomskyana a linguagem é fruto da interação entre apren-dizado e desenvolvimento, processos distintos que interagem numa direção única: o desenvolvimento permite o aprendizado, mas o aprendizado não muda o curso do desenvolvimento (Kuhl, 2000: 101).

O desenvolvimento linguístico em situações não excepcionais

Apresentaram-se até aqui vários exemplos de desenvolvimento linguístico em situações muito excepcionais. O que acontece, então, quando uma criança-ouvinte tem desenvolvimento normal?

A correlação entre as etapas do desenvolvimento de uma língua na criança e sua idade cronológica está resumida em (3.4) a seguir. Essa uniformidade, que independe da língua materna da criança, assemelha-se ao aparecimento da dentição ou do andar bípede, e sugere uma forte correlação com uma base biológica (Lenneberg, 1973).

Ainda em relação à experiência, crianças expostas a um ambiente bilíngue terão em cada língua o desenvolvimento compatível com sua idade, não com o tempo de exposição a cada uma (Gleitman e Newport, 1995: 11).

A produção da fala inicialmente não se distingue nas crianças de diferentes línguas, até que por volta dos 12 meses começam a surgir os padrões prosódicos e fonéticos da língua da comunidade da criança. Reconhecem-se cinco etapas na produção: os arrulhos; o balbucio canônico; as primeiras palavras; os enunciados de duas palavras; a fala significativa.

No tocante à percepção, ao nascer, as crianças podem discernir unidades fonéticas de qualquer língua do mundo, o que não mais acontecerá um ano mais tarde (Kuhl, 2000: 101). Em (3.5) apresenta-se um resumo da literatura sobre a cronologia das primeiras etapas na produção e na percepção.

> (3.5)
> **(Fontes: Bloom, 1994: 7-9; Gleitman e Newport, 1995: 11; Pinker, 1995: i; Northern e Downs, 2005: 110-113; MacWhinney, 2001: 468; Gazzaniga e Heatherton, 2005: 366-368; Purves et al., 2005 – exemplos extraídos de Nardy, 1995)**
> *Nos primeiros dias após o nascimento* uma criança demonstra preferência pela voz materna e pela língua materna e já consegue distinguir essa língua, bem como distinguir duas línguas estrangeiras.
> *Por volta do final do primeiro mês* surgem os *arrulhos* (ing. *cooing*), com sons que parecem vogais, fase que durará até os 4 meses.
> *Dos 4 aos 6 meses* tem início o *balbucio canônico*, as combinações de consoante-vogal. No final desse período já são ouvidos sons glotais e labiais.
> *Entre os 7 e os 10 meses* começa o balbucio reduplicativo (*bababababa; dadadada*); nas crianças surdas, desde que expostas a uma língua de sinais, começará o "balbucio manual" com sílabas da língua de sinais; de outro modo, as vocalizações dessas crianças mostrarão déficits evidentes.

Por volta dos 10-12 meses as sequências de sílabas começam a ser diferentes, quase ao mesmo tempo que aparece a produção das primeiras palavras, isto é, de uma forma sonora relacionada a um significado estável. Metade dessas palavras nomearão objetos. Podem ser: itens de alimentação (*coco* 'biscoito', *acu* 'água', *nanana* 'banana'), partes do corpo, vestuário, vida doméstica (*bade* 'balde', *úa* 'rua'), animais, pessoas (*papa* 'papai'), veículos (*caco* 'carro'), brinquedos (*bó* 'bola'). Há ainda palavras de ação (como *deta* 'deita', *tenta* 'senta'), palavras para saudação e negação. As palavras não têm morfologia flexional, nem propriedades distribucionais típicas das categorias.

Aos 12 meses a criança reduz sua capacidade de distinguir contrastes entre os sons da fala: por exemplo, se aos 4 meses uma criança japonesa pode distinguir entre /r/ e /l/, por volta dos 12 meses já não responde a contrastes sonoros que não sejam os de sua própria língua.

Por volta dos 18 meses surgem os enunciados de duas palavras, embora sem artigos, conjunções, nem preposições: "Quer bala", "Dá biscoito", "Carro papai". Mesmo com duas palavras, a ordem vocabular determina a posição para sujeito e para objeto.

Em torno dos 24-30 meses termina a fase de enunciados de duas palavras e há uma explosão vocabular. A estrutura ganha palavras funcionais: "A mulher", "Um moço", "Outra moça", "Carro do papai", "Meu dedo", "Tá penteando o cabelo".

Por volta dos 36 meses já aparecem relativos ("E ele era um cara que era monstro"), complementizadores ("O patinho quer que chame ele"). E também as regularizações indevidas (como "Eu não sabo", "Ele fazeu assim").

Entre os 2 e os 5 anos (Gleitman e Newport, 1995: 3) o nível de elaboração dos enunciados cresce rapidamente, e a criança, ao final desse período, expressa-se com uma gramática essencialmente igual à de um adulto. No que toca ao domínio do vocabulário, com dados relativos ao inglês, Clark (1995: 13) sustenta que um falante adulto domina um vocabulário ativo na faixa de vinte mil a cinquenta mil palavras, situando-se o vocabulário passivo num patamar bem acima disso. Ainda segundo ela (Clark, 1993: 13), uma criança, a partir dos 2 anos, domina em média cerca de dez novas palavras ao dia, até alcançar cerca de 14 mil palavras em torno dos 6 anos. Até os 17 anos entrariam em seu vocabulário cerca de três mil novas palavras por ano. Entre os 9 e os 15 anos, levando-se em conta apenas os livros escolares, as crianças são expostas a cerca de 85 mil raízes distintas e a pelo menos cem mil significados distintos de palavras.

No Brasil, a escolaridade média da população deve levar a resultados diferentes quanto a estes últimos números. Segundo o Censo de 2000, o número médio de anos de permanência na escola é de 6,2 anos no Sudeste contra,

96 Introdução à (Bio)Linguística

por exemplo, 4 anos no Nordeste. Um contingente significativo da população brasileira, 31,2%, está na faixa de permanência de apenas 3 anos na escola (MEC/Semtec, 2003).

E uma criança surda aprendendo uma língua oral?

Se o indivíduo nasceu surdo ou se tornou surdo antes dos 3 anos, sofrerá "grande dificuldade em relação à aquisição da linguagem" (Goldfeld, 2003: 97), e o atraso na linguagem será o principal aspecto gerado pela surdez (veja Goldfeld, 2003: 97), a menos que tenha como alternativa uma língua de sinais.

Em (3.6) reproduz-se o quadro que Northern e Downs (2005: 115) apresentam como referência para o reconhecimento de deficiências auditivas na criança. O quadro em (3.6) aponta para a evolução linguística mais lenta do que aquela esquematizada em (3.5), que procurava retratar o desenvolvimento normal da criança ouvinte.

> (3.6)
> *Aos 12 meses*
> Nenhum balbucio ou imitação vocal diferenciada.
>
> *Aos 18 meses*
> Não usa palavras simples.
>
> *Aos 24 meses*
> Menos de dez palavras simples.
>
> *Aos 30 meses*
> Menos de cem palavras. Nenhuma combinação de duas palavras. Fala ininteligível.
>
> *Aos 36 meses*
> Menos de cem palavras. Nenhuma sentença telegráfica. Clareza na fala inferior a 50%.
>
> *Aos 48 meses*
> Menos de seiscentas palavras. Não usa sentenças simples. Clareza da fala inferior a 80%.

Os estágios em (3.6) servem como pontos de referência. Mogford (1988) reporta estudo com oito crianças dos 12 aos 48 meses, com perda auditiva detectada por volta dos 16 meses e remediada com aparelho auditivo, cujos pais receberam orientação para ajudá-las na aquisição de língua oral. Os sujeitos com perda auditiva mais acentuada, acima de 100 dB, tiveram sua primeira palavra aos 18-19 meses (contra os 11 meses do grupo de controle); tinham dez palavras aos 26-30 meses, ao passo que o grupo de controle, com crianças ouvintes, alcançou esse estágio aos 12 meses. Aos 4 anos, as duas crianças que tinham déficits auditivos mais profundos ainda tinham menos de dez palavras.

As crianças então não imitam a fala dos adultos?

Em razão dos aspectos focalizados até aqui, não há como manter o conceito de língua como um conjunto de hábitos ou de estruturas estabelecidas por um corpo social, imitado e repetido.

Cada falante constrói seu próprio conhecimento linguístico com base na experiência linguística a que é exposto na infância, isto é, o conhecimento que lhe permitirá falar e entender um número infinito de frases que não fazem parte de sua experiência linguística prévia. Por essa razão as gramáticas variam ligeiramente de um indivíduo para outro dentre aqueles que pertencem ao mesmo grupo. Nesse sentido, uma expressão como a *gramática do português* é uma forma de generalizar a referência às gramáticas dos falantes de português.

> Não há duas crianças que compartilhem os mesmos dados linguísticos primários; elas ouvem coisas diferentes. A despeito da variação na experiência, porém, as crianças frequentemente alcançam o mesmo sistema estrutural desenvolvido. A experiência inicial pode variar indefinidamente, mas as gramáticas exibem estabilidade estrutural e variam apenas de modo limitado. É essa estabilidade estrutural que nos permite a intercomunicação (Lightfoot, 1999: 78; veja também Chomsky, 1988: 36).

A experiência linguística, ou dados linguísticos, a que uma criança está exposta, além de variada, é constituída por evidências esparsas (veja Lightfoot, 1999: 60 e ss.). Os dados não recebem marcas especiais, quando, por exemplo, forem fragmentos de frases ou construções mal-formadas ditas por algum estrangeiro (o pai ou a mãe, por exemplo). Apesar disso, nenhuma criança generaliza tais casos, como se viu, por exemplo, com "Simon" (veja aqui a seção "Crianças surdas com pais que aprenderam tardiamente a língua de sinais"). Essa questão, referida como a *pobreza do estímulo*, é tomada como evidência a favor de se postular um mecanismo mental inato na aquisição.

Os estudos sobre um tipo especial de fala dirigido apenas a crianças para que elas entendam melhor os adultos, em geral referido como *maternalês* ou por vezes *manhês* (ing. *motherese*), não evidenciam nenhuma correlação entre, de um lado, o uso de estruturas simples ou de estruturas complexas pelo adulto e, do outro, o domínio de apenas um dos tipos pela criança. Bloom (1993: 9 e ss.) reporta trabalhos que mostram não apenas a preferência das crianças pelo *maternalês* como alguns benefícios especificamente linguísticos que ele acarreta:

> os limites de sintagmas gramaticais são frequentemente assinalados por mudanças na estrutura prosódica, tais como uma pausa ou uma mudança no *pitch* [...] e assim a entonação exagerada pode dar às crianças indícios de como segmentar os enunciados dos adultos, o que poderia ajudá-las a adquirir a estrutura sintática de sua língua.

O senso comum de que as crianças falam porque imitam os adultos não resiste a nenhum exame. Apontam-se a seguir alguns aspectos de difícil explicação caso se tome a imitação como o processo básico de aprendizagem de uma língua.

> (3.7)
> 1. todas as crianças seguem as mesmas etapas de desenvolvimento linguístico;
> 2. as crianças não dizem frases complexas entre seus primeiros enunciados;
> 3. as crianças não falam como os adultos mesmo quando corrigidas;
> 4. as crianças dizem frases que nunca ouviram;
> 5. as crianças regularizam formas irregulares (por exemplo, *faziu* em lugar de *fez*), palavras que os adultos não dizem;
> 6. as crianças são capazes de combinar o vocabulário que já dominam de modo a criar novas palavras.

Bloomfield (1984: 29-30) descreveu a aprendizagem linguística como a formação de *hábitos* decorrentes do reforço provido pela mãe ou por outro adulto. Nesse caso, além da *evidência positiva* (isto é, a experiência linguística), que reforçaria o comportamento linguístico desejado, também deveria ser levada em conta a *evidência negativa*, isto é, a informação dada à criança sobre o que não é gramatical. No entanto, a evidência negativa é desnecessária nesse processo. Sejam ou não bem formadas as frases da criança, o ouvinte pode não entender o que ela disse e pedir-lhe esclarecimentos ou que repita o que disse (Bowerman, 1990: 96). Em geral o adulto parece importar-se com a veracidade do que a criança diz (Pinker, 1995 I: 153).

100 Introdução à (Bio)Linguística

Não há como levar em consideração o argumento de que as crianças chegam a falar de modo muito semelhante aos adultos porque são corrigidas (e recompensadas quando produzem formas corretas), porque é difícil para uma criança entender o próprio conceito de *correção*. Dois exemplos.

(3.8)
a.
Mãe – *A Júlia já pegou sua canequinha?*
Júlia (mostrando a caneca) – *Meu canequinha.*
Mãe – *Não, Júlia. Minha canequinha.*
Júlia –*É seu?!*

b.[1]
Alice – *Mãe, peguei essa folhinha pra eu.*
Mãe – *Não é "pra eu"; é "pra mim".*
Alice – *'Tá bem. É pra você, pra eu e pro meu pai.*

Os pequenos diálogos reproduzidos em (3.8) demonstram que as crianças não entenderam que, em cada caso, a mãe corrigia seu português; antes, demonstram ter a criança compreendido a fala da mãe como um comentário acerca de quem era o verdadeiro dono da caneca ou para quem era a folha que tinha colhido. E os problemas, de concordância e de caso, que cada mãe procurava corrigir continuaram presentes no que se seguiu.

As crianças produzem enunciados que nunca ouviram. Não recorrem a uma espécie de banco de frases corretas, que os adultos teriam considerado boas. Até porque os adultos não dizem frases como aquelas que corrigiram nos exemplos em (3.8).

Em resumo: as crianças que vivem num ambiente normal, em comunicação com outros indivíduos, falam. Seu preparo biológico encontra no ambiente o gatilho para desenvolver-se. Elas não imitam a fala de adultos. Os casos de *crianças selvagens* comentados anteriormente e o desenvolvimento posterior alcançado por algumas delas evidenciam que a ausência de uma língua não pode ser explicada pela falta de modelos a serem imitados.

Nota

[1] Exemplo fornecido pela professora Leonor Werneck (c.p.).

Para ir além

Para uma introdução à aquisição da variação:
• Gomes (2008).

Sobre linguagem e surdez, uma ótima introdução é:
• Sacks (2005).

On-line

• Sobre as crianças selvagens:
<http://www.feralchildren.com/en/children.php?tp=3>.

• Várias obras clássicas estão na íntegra na rede mundial de computadores:
1. A autobiografia de Helen Keller:
<http://www.gutenberg.org/catalog/world/readfile?fk_files=729&pageno=11>;
2. Lineu e também várias obras de Darwin, dentre outras:
<http://www.animalbase.uni-goettingen.de/zooweb/servlet/AnimalBase/list/references? digitzed_only=true%20target>.

• Dicionário de Libras:
<http://www.acessobrasil.org.br/libras/>.

PARTE 4
A base física da faculdade da linguagem

A relação entre o cérebro e a linguagem foi percebida há muito. A partir do século XIX, porém, intensificaram-se as tentativas de precisar essa relação com base em evidências.

Descobrindo a relação entre linguagem e cérebro

Embora tenha havido momentos na história em que foi o coração o órgão considerado o centro das atividades mentais,[1] a relação entre a linguagem e o cérebro[2] não se constitui numa descoberta do século xx. Crânios pré-históricos com orifícios resultantes de uma cirurgia conhecida como *trepanação* sugerem que se dava importância a este órgão em épocas muito remotas (Gazzaniga e Heatherton, 2005: 121).

A relação entre linguagem e cérebro já fora levantada há pelo menos cerca de cinco mil anos, ao se levar em conta o manuscrito egípcio anônimo datado de cerca 1700 a.C. conhecido como *Papiro Edwin Smith*, assim denominado em homenagem ao egiptólogo que o descobriu em Luxor em 1862. O *Papiro* se constitui numa cópia de um tratado bem mais antigo, escrito entre 3000 a 2500 a.C. (Wilkins, 1964; parcialmente acessível on-line, adiante em tradução livre a partir da tradução inglesa). Em pelo menos dois dos 48 casos clínicos apresentados, o *Papiro* relaciona a perda da fala a um ferimento profundo na cabeça, mais especificamente, numa das têmporas.

Caso 20

Título: Instruções relativas a um ferimento na têmpora, que penetra até o osso temporal e o perfura.

Exame: se você examina um homem que tem um ferimento na têmpora que penetra até o osso temporal e que o perfura, ao mesmo tempo que seus olhos estão injetados, ele expele sangue pelas narinas e um pouco pinga; se você coloca seus dedos no centro do ferimento ele treme excessivamente; se você lhe pergunta sobre a doença, ele não lhe diz coisa alguma, ao mesmo tempo que copiosas lágrimas escorrem de seus olhos, de modo que ele leva a mão com frequência à face, ele pode enxugar os olhos com as costas da mão como uma criança e não sabe que o faz...

106 Introdução à (Bio)Linguística

> **Diagnóstico:** Você deverá dizer no que diz respeito a ele: "Quem tem um ferimento na têmpora que chega até o osso temporal e o perfura, enquanto expele sangue pelas narinas, sofre com rigidez no pescoço (e) não fala. Uma enfermidade sem tratamento".
>
> **Tratamento:** Quando você encontrar esse homem sem fala, seu [alívio] será estar sentado; unte sua cabeça (e) despeje [leite] em seus ouvidos.
>
> **Caso 22**
> **Título:** Instruções relativas a um dilaceramento na têmpora.
>
> **Exame:** Se você examina um homem com a têmpora dilacerada, coloque o dedo sobre seu queixo e sobre o final do *ramus*,[3] de modo que o sangue fluirá de ambas as narinas e de dentro do ouvido dilacerado. Limpe-o com uma mecha de linho até ver os fragmentos de osso no interior do ouvido. Se você o chama, ele está sem fala e não pode falar.
>
> **Diagnóstico:** Você deverá dizer em relação a ele: "Quem tem uma laceração na têmpora expele sangue de ambas as narinas e do ouvido, não fala e sofre com rigidez no pescoço. Uma enfermidade sem tratamento".
>
> **Comentário:** Por "ver os fragmentos no interior do ouvido" entenda-se que alguns dos fragmentos do osso vêm a aderir à mecha que foi introduzida para limpar o interior do ouvido.

Grécia e Roma influenciaram a medicina no Ocidente muito mais que o Egito. A observação dos sintomas linguísticos em pacientes que haviam ferido a cabeça ou sofrido um mal que a afetasse levaram a deduzir a relação entre o ferimento e os sintomas.

Hipócrates de Cós (460-377 a.C.), considerado o pai da medicina no Ocidente, defendeu a importância do cérebro ao tratar da epilepsia, a "doença sagrada", afirmando que o uso de uma língua e a compreensão derivavam do funcionamento saudável do cérebro:

> 14. É preciso que os homens saibam que nossos prazeres, nossas alegrias, risos e brincadeiras não provêm de coisa alguma senão dali (isto é, do cérebro), assim como os sofrimentos, as aflições, os dissabores e os prantos. E, sobretudo, através dele, pensamos, compreendemos, vemos, ouvimos, reconhecemos o que é feio e o que é belo, o que é ruim e o que é bom. [...] É também através dele que enlouquecemos e deliramos, e nos vêm os terrores, os medos, alguns durante a noite, outros durante o dia, e as insônias, os erros inoportunos, as preocupações inconvenientes, a ignorância do estabelecido, a falta de costume e a inexperiência.
> [...]
> 16. De acordo com isso, penso que o cérebro (dentre todos os órgãos é o que) exerce o maior poder no homem. [...] Os olhos, os ouvidos, a língua,

as mãos, os pés praticam coisas tais quais o cérebro as percebe; pois a todo o corpo se aplica a consciência na medida em que ele participa do ar. Mas o cérebro é o transmissor da compreensão.

[...]

17. Por isso, afirmo que o cérebro é o interpretador da inteligência. [...] Alguns dizem que temos consciência através do coração, e que essa é a parte que se aflige e se preocupa. Mas não é assim.

(Hipócrates, *Da doença sagrada*, apud Cairus e Ribeiro, 2005: 76-78).

Galeno de Pérgamo (129-199), médico dos gladiadores romanos, "deve ter testemunhado as infelizes consequências de lesões cerebrais e da medula espinhal" (Bear, Connors e Paradiso, 2002: 4; comentário semelhante em Ahlsén, 2006: 12). Foi, no entanto, com o treinamento na dissecção de porcos, cabras e macacos (a dissecção de seres humanos era proibida em Roma – Prins e Bastiaanse, 2006: 767) que percebeu que havia cavidades dentro do cérebro (os *ventrículos*, literalmente, *pequenos ventres*), nos quais havia um fluido incolor e salgado (o fluido cerebrospinal). Galeno viu o preenchimento dos ventrículos como *pneuma*, palavra grega para "espíritos" ou "sopros" (para a noção de *pneuma* já em Hipócrates, veja Cairus, s.d.). Essa descoberta permitia dar continuidade à doutrina hipocrática dos fluidos ou humores, porque, para Galeno, os quatro humores (a saber, **humor**G *sanguíneo, fleumático, colérico* e *melancólico*) se movimentariam para os ventrículos cerebrais ou a partir deles para, respectivamente, receber sensações e movimentar os membros. Uma obstrução nos ventrículos poderia causar um acúmulo de humor. O acúmulo do humor fleumático, por exemplo, especialmente a bile negra, poderia gerar sintomas tão graves quanto a perda de mobilidade, das sensações e da respiração (Prins e Bastiaanse, 2006: 768). Galeno demonstraria ainda que o cérebro (e não o coração, como propusera Aristóteles) era responsável pela voz: se o coração de um animal fosse exposto, mesmo assim ele poderia respirar e gritar; se, no entanto, seu cérebro fosse exposto e um dos ventrículos fosse pressionado, o animal não gritaria nem teria respiração ou movimento (Prins e Bastiaanse, 2006: 767).

A teoria ventricular galênica permaneceria influente por cerca de 15 séculos (Bear, Connors e Paradiso, 2002: 5). Assim, em 1481, ou seja, cerca de 13 séculos depois de Galeno, a *Opera Medica* (Obras médicas) de Antonio Guainerio (?-1440), relacionava a um problema físico os sintomas linguísticos de dois dos pacientes do autor:

> [t]enho sob meus cuidados dois homens idosos, um dos quais não sabe mais que três palavras [...]. O outro [...] raramente ou nunca se lembra do

108 Introdução à (Bio)Linguística

nome correto de alguém. Quando ele chama alguém, não chama esse alguém pelo nome (Benton e Joynt, 1960: 208, apud Prins e Bastiaanse, 2006: 769).

Tratava-se, para Guainerio, de um distúrbio da memória – que o autor localizava no ventrículo posterior – causado pelo excesso de humor fleumático (Ahlsén, 2006: 12; Prins e Bastiaanse, 2006: 769).

O número de ventrículos podia variar. Eram três, por exemplo, na obra do humanista alemão Gregor Reisch (ca. 1467-1525), na qual o primeiro ventrículo guardava o senso comum ou a percepção (a que se ligariam o paladar, o olfato e a visão), a fantasia e a imaginação; o ventrículo medial era o lugar do pensamento e dos julgamentos; e a memória localizava-se no ventrículo posterior. Eram cinco os ventrículos num sistema atribuído a Alberto Magno (1183-1280): o primeiro guardaria o senso comum; o segundo, a imaginação; o seguinte, a fantasia; o quarto, o controle das faculdades estimativas; por fim, o último guardava a memória (Saban, 1999: 43-44).

A interpretação controversa da Bula do papa Bonifácio VIII (1235-1303) *De Sepulturis*, publicada em 1300, que excomungava os que cortassem e cozinhassem os corpos de peregrinos e cruzados, a fim de conseguir que os ossos se separassem da carne para poderem levá-los de volta à terra natal (Porter, 2001: 75), foi compreendida como um interdito à dissecção de corpos humanos. A interpretação correta seria determinada no Breve do papa Sixto IV (1414-1484), de 1482, dirigido à Universidade de Tübingen: o corpo para a dissecção deveria ser o de um criminoso executado e que um enterro cristão se seguisse à dissecção. Em Portugal não foi a Bula o maior impedimento, uma vez que em meados do século XVIII, em 6 de fevereiro de 1739, foram proibidas as "demonstrações no cadáver" a Bernardo Santucci, lente-régio de Anatomia no Hospital de Todos-os-Santos, e que ele "só deveria dar as lições na postila aos praticantes" (Carmona, 1954: 307). Sem a observação do objeto de estudo, o corpo humano seria representado em esquemas.

A observação do corpo humano seria o começo da mudança quanto à teoria ventricular. Com os pintores florentinos do século XV (ligados à Guilda Florentina de Médicos e Boticários) e com Leonardo da Vinci e Andreas Vesálio (ou Vesalius, na forma latina), a Anatomia ganharia novo impulso, até desmembrar-se, em 1570, da Cirurgia, disciplina de que fazia parte nos estudos médicos de então (Margotta, 1998: 70).

O anatomista flamengo Andreas Vesálio (1514-1564) estudaria cuidadosamente a anatomia cerebral, com base nas cabeças de sentenciados punidos com a decapitação (Bear, Connors e Paradiso, 2002: 5), como previa o Breve papal. Sua obra *De humani corporis fabrica* (Sobre a construção do corpo humano), impressa na Basileia em 1543, famosa pela beleza, ainda hoje ganha reedições,[4] embora a seu autor tenha rendido problemas com os colegas galenistas e com a Igreja (Margotta, 1998: 77-78).

Os ecos dessa tradição ventricular ainda são perceptíveis em René Descartes (1596-1650):

> o que há de mais notável nisto tudo é a geração dos espíritos animais, os quais são como um vento subtilíssimo ou, antes, como uma chama pura e vivíssima que, subindo continuamente em grande abundância do coração para o cérebro, se dirige de lá através dos nervos até aos músculos e dá movimento a todos os membros.
>
> [...]
>
> mudanças devem acontecer no cérebro para causar a vigília, o sono e os sonhos; como, por intermédio dos sentidos, a luz, os sons, os odores, os gostos, o calor e todas as outras qualidades dos objectos exteriores podem imprimir no cérebro diversas ideias; como a fome, a sede e as outras paixões interiores podem enviar-lhe igualmente as suas; *o que nele deve ser tomado pelo senso comum, onde estas ideias são recebidas; a memória que as conserva; a fantasia que as pode transformar diversamente e compor outras novas* e, desta forma, distribuindo os espíritos animais pelos músculos, fazer mover os membros do corpo de maneiras diferentes e consoante os objectos que se apresentam aos sentidos e as paixões interiores que estão no mesmo corpo (Descartes, 1977: 72-74 – grifo nosso).

Descartes introduziria, porém, uma nova questão: todo esse mecanismo não explicaria o que distingue o homem do animal, aí incluída a linguagem:

> É, de facto, coisa mui notável que não haja homens tão embrutecidos e tão estúpidos, sem exceptuar os insensatos, que não sejam capazes de pôr em conjunto diversas palavras e de com elas compor um discurso pelo qual deem a entender seu pensamento. Ao contrário, não existe outro animal [...] que faça semelhante coisa. Isto não acontece porque lhe faltem órgãos, porque vemos as pegas e os papagaios poderem proferir palavras como nós e, todavia, não poderem falar como nós [...]. Ao invés, os homens nascidos surdos e mudos estão privados, tanto ou mais que os animais, dos órgãos que servem aos outros homens para falar e costumam inventar eles mesmos certos sinais pelos quais se fazem entender [...]. E isto não prova apenas terem os animais menos razão que os homens, mas não a terem de todo (Descartes, 1977: 75-76).

Para Descartes, a mente, externa ao corpo, receberia as sensações e se comunicaria com o cérebro pela glândula pineal. A parte mecânica da explicação cartesiana foi abandonada, mas a dissociação da atividade mental em relação ao corpo em que é produzida, sob diversas versões, ainda perdura e gera debates.

O legado galênico de atenção aos ventrículos começaria a ser posto de lado nos séculos XVII e XVIII, e a substância cerebral ganhava espaço (Bear, Connors e Paradiso, 2002: 6). A chegada do século XIX já contaria com o conhecimento de anatomia do sistema nervoso – que ele se biparte em sistema nervoso central (o encéfalo e a medula espinhal) e em sistema nervoso periférico (a rede de nervos) –, além da percepção de que o *córtex cerebral*[G] de cada indivíduo tem um padrão de saliências (ou *giros*) e de *sulcos* e *fissuras* que permitiu a divisão em *lobos* e a especulação sobre a localização de áreas com funções específicas (Bear, Connors e Paradiso, 2002: 7).

A localização de funções, no início do século XIX, levaria a uma proposta de grande apelo popular. Franz Joseph Gall (1758-1828), em 1809, associou as saliências na superfície do crânio com as convoluções na superfície do cérebro, sustentando que características psicológicas dominantes num indivíduo (como a destrutividade, a esperança, a benevolência) expandiam regiões do cérebro que, por sua vez, forçavam as paredes do crânio para fora (Abraham, 2005: 35). Era a *Personologia anatômica*, mais tarde, *Frenologia*[G]. Gall arrolou 27 habilidades – no entanto o número variou nos mapas até pelo menos 43 – que foram relacionadas a reentrâncias e elevações no crânio, como indicado no esquema na Figura 7.

A escola frenológica deixou, no entanto, pelo menos uma questão para o debate relativo à linguagem: situaria a linguagem nos lobos frontais. Um dos seguidores de Gall, Jean-Baptiste Bouillaud (1796-1881), distinguiria a *faculdade da linguagem articulada*

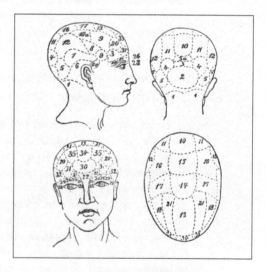

Fig. 7 – Uma das listas de localização cerebral do comportamento humano segundo a Frenologia.

da *faculdade geral da linguagem* (Broca, 1861b) e se constituiria numa das referências de Broca.

As propostas de localização de funções cerebrais ganharam novo impulso quando Pierre-Paul Broca (1824-1880), cirurgião francês que então trabalhava no Hospital de Bicêtre em Paris, apontou: (a) que uma lesão numa área do lobo frontal do hemisfério esquerdo, aquela que atualmente leva seu nome, a *área de Broca* (veja a Figura 8), fazia surgir a afasia; e (b) que lesão semelhante na área correspondente do hemisfério direito não afetava a linguagem (Geschwind, 1979: 110).

Broca teve como ponto de partida o histórico de seu primeiro paciente no Bicêtre, de sobrenome Leborgne. Já adulto, Leborgne (ou Tan-Tan, como também foi referido) começou a ter ataques de epilepsia, mas aos 30 anos parou de falar, não se sabe se lentamente ou de modo abrupto (Broca, 1861b), e foi assim que deu entrada no Bicêtre pela primeira vez. Não aparentava outro comprometimento que não a fala: apenas repondia "*tan tan*" a qualquer pergunta (ou ainda um palavrão, quando se encolerizava), com variações na entonação, embora parecesse compreender o que lhe diziam. Não apresentava paralisia nem da língua nem dos músculos da face (Broca, 1861a), e Broca denominou *afemia* a esse quadro.

Depois de dez anos, Leborgne começaria a manifestar progressivamente um novo sintoma: a paralisação no lado direito, primeiramente o braço, depois a perna. Preso ao leito por sete anos, em 1861, aos 51 anos, é transferido para o serviço de cirurgia do Bicêtre, por conta de uma gangrena na perna direita, e é quando Broca o encontra pela primeira vez. Morreria cinco dias mais tarde.

Broca decidiu não dissecar o cérebro de Leborgne, para conservá-lo no Museu Dupuytren da Escola de Medicina da Universidade de Paris, dedicado à anatomia patológica. Com o que lhe foi possível observar externamente, constataria que, como previra, Leborgne tinha uma lesão no lobo frontal esquerdo, grande como um ovo de galinha, concluindo que "[t]udo permitia [...] crer que [...] a lesão do lobo frontal causou a perda da fala" (Broca, 1861a).

Alguns meses mais tarde, Broca teria a seus cuidados outro paciente, já havia oito anos internado no Bicêtre por **demência**[G], cujo sobrenome era Lelong. Aos 84 anos, Lelong fora vítima de um ataque um ano antes e conseguia produzir apenas cinco palavras: *oui* ('sim'), *non* ('não'), *tois* (por *trois*, 'três', mas que valia para qualquer número), *toujours* ('sempre') e, para seu próprio nome, *Lelo* (Dronkers et al., 2007). Broca confirmaria novamente a

112 Introdução à (Bio)Linguística

lesão na área que previra e, assim, o estudo desse caso e o de outros pacientes com sintomas semelhantes levou-o a defender que o hemisfério esquerdo do cérebro era responsável pela articulação da linguagem – daí sua famosa frase "Falamos com o hemisfério esquerdo". Broca demonstrou que não se tratava de paralisia dos músculos faciais, porque: (a) a lesão equivalente no hemisfério direito deveria provocar o mesmo resultado, mas isso não acontecia; (b) a dificuldade envolvia a fala, mas não o canto, por exemplo; (c) surgiam problemas gramaticais, que não poderiam ser explicados por uma fraqueza ou paralisia dos músculos faciais (Geschwind, 1979: 110).

O século XIX veria, ainda no tocante à linguagem, desta feita com Karl Wernicke (1848-1905), o estabelecimento da relação entre problemas linguísticos de compreensão e a área no lobo temporal do hemisfério esquerdo que viria a receber seu nome, a *área de Wernicke* (veja a Figura 8), e a proposta de que as áreas de Broca e Wernicke estariam conectadas por um feixe de fibras nervosas.

Em 1874, Karl Wernicke estabeleceria que a *afasia*[G], isto é, a "perda parcial ou completa da capacidade de empregar linguagem após uma lesão encefálica" (Bear, Connors e Paradiso, 2002: 809), poderia decorrer de uma lesão quer na área de Wernicke (causando *sintomas receptivos*), quer na área de Broca (causando *sintomas expressivos*), como também na região que conecta ambas as áreas, o *fascículo* (feixe de fibras nervosas) *arqueado*[G] (ou *fascículo longitudinal superior*), prevendo, desse modo, um tipo de afasia que viria a ser conhecido como *afasia de condução*[G] (Ahlsén, 2006: 20; Pinel, 2005: 438), no qual tanto a compreensão quanto a fala espontânea estariam intactas, mas que causaria dificuldade para a repetição de palavras (Pinel, 2005: 438). Começava então, de fato, não só a *localização de funções* (isto é, que pontos específicos do cérebro participavam da linguagem), mas, ao mesmo tempo, a proposta de *lateralização de funções* (isto é, que papel o hemisfério cerebral esquerdo e o hemisfério direito representavam, no caso, na linguagem). Começava também a proposta de distinção entre produção e recepção da linguagem e, ainda, que o processamento da linguagem estava distribuído no cérebro (França, 2005: 12).

Com base no trabalho de Wernicke, Ludwig Lichtheim (1845-1928) apontaria um terceiro centro da linguagem, o "centro de conceitos", sem localização específica. Esse "centro", representado como B (do alemão *Begriff*, 'conceito'), comporia o esquema que ficaria conhecido como *a casa de Wernicke-Lichtheim* (veja a Figura 9). Com a *casa* se podiam prever diferentes tipos de afasias, na dependência de ser afetada a área de Broca, a área de

Wernicke ou um ponto de conexão, representada a área afetada pelas linhas que cortam a estrutura da casa.

1. lesão no centro motor (M) causa afasia motora;

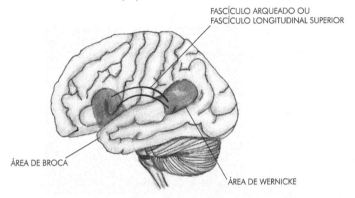

Fig. 8 – As áreas de Broca e de Wernicke. As linhas que conectam ambas as áreas representam o fascículo arqueado.

Fig. 9 – A *casa de Lichtheim* previa o processamento auditivo-oral da linguagem (as setas indicam o fluxo). "A" (a área de Wernicke) representa a informação sobre os sons das palavras; "M" (a área de Broca) representa o planejamento da fala. "B" é o lugar da informação conceitual. Os traços que cortam a casa preveem onde poderiam ocorrer as lesões (adaptado do esquema de Lichtheim reproduzido em Ahlsén, 2006: 20).

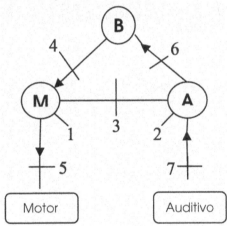

2. lesão no centro acústico (A) causa ***afasia de Wernicke***[G];
3. lesão na ligação acústico-motora causa afasia de condução;
4. lesão na ligação semântico-motora causa afasia motora transcortical;
5. lesão no caminho de saída motor causa afasia motora subcortical;
6. lesão na ligação acústico-semântica causa afasia sensorial transcortical;
7. lesão no caminho acústico causa afasia sensorial subcortical;
B. lesão no centro conceitual causa anomia ou afasia semântica (França, 2005: 16).

O modelo da *casa de Wernicke-Lichtheim* foi revisto, na década de 1960, resultando no modelo *Wernicke-Lichtheim-Geschwind* ou, simplesmente, *Wernicke-Geschwind*.

Ao começar o século xx, portanto, já se havia construído um corpo de conhecimentos capaz de demonstrar a necessidade de compreender a linguagem como um produto do funcionamento cerebral. Clássicos da Linguística, como Ferdinand de Saussure, Leonard Bloomfield e Câmara Jr., deixaram claro que estavam a par de pesquisas com pacientes com distúrbios linguísticos, mas seu interesse estava voltado para os aspectos sociais que marcam as línguas.

Notas

[1] Para Empédocles (490-430 a.C.), por exemplo, "o sangue que envolve o coração do homem é o pensamento" (fragmento B13DK, apud Cairus e Ribeiro Jr., 2005: 78).

[2] O termo *cérebro* é empregado neste capítulo de modo ambíguo: no lugar de *encéfalo*, ou seja, de tudo o que está contido na caixa craniana (cérebro, cerebelo e tronco encefálico) e de cérebro propriamente dito.

[3] Provável referência à articulação têmporo-mandibular, localização mais próxima do ponto onde o trigêmeo se ramifica (Diana Maul de Carvalho, c.p).

[4] Caso da reedição brasileira pelo Ateliê Editorial, Imprensa Oficial do Estado de São Paulo e Editora Unicamp, em 2002.

Começando a explorar o lado de dentro da cabeça de um adulto

Breve digressão nomenclatural

No tocante às imagens que ilustram este capítulo e os que se seguem nesta Parte 4, as referências espaciais levam em conta o sistema de coordenadas utilizado na Neuroanatomia para os vertebrados em geral: *anterior-posterior*, *dorsal-ventral* e *medial-lateral*, esquematizados em (4.1) a seguir (Pinel, 2005: 89-90).

(4.1)
anterior ou *rostral* – em direção à ponta do nariz;
posterior ou *caudal* – voltado para a ponta da cauda;

dorsal – em direção à superfície das costas ou do topo da cabeça;
ventral – em direção à superfície do peito ou à parte de baixo da cabeça;

medial – em direção à linha média do corpo;
lateral – que se afasta da linha média em direção à superfície lateral.

As *seções* ou *cortes*, comuns na literatura, ilustrados na Figura 10, são os cortes *frontal* (ou *coronal*), *horizontal* e *sagital*.

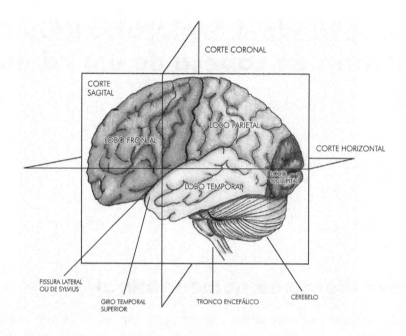
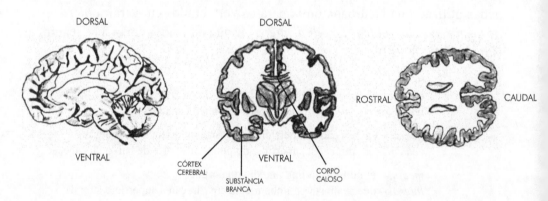

Fig. 10 – Diferentes planos de corte e indicações espaciais nesses planos.

O encéfalo

A Figura 11 a seguir apresenta o *encéfalo* (do gr. 'εγχε'φαλος, 'dentro da cabeça'), visto em sua face lateral esquerda. Lá estão o *cérebro*, o *cerebelo* (a estrutura de pregas transversais) e o *tronco encefálico*.

Nesse conjunto, o *tronco encefálico* é a continuação da medula espinhal e é responsável por aspectos básicos de sobrevivência, como respirar, engolir, vomitar, urinar (Gazzaniga e Heatherton, 2005: 129), ou ainda a percepção da dor e o controle do nível de consciência (Crossman e Neary, 1997: 57).

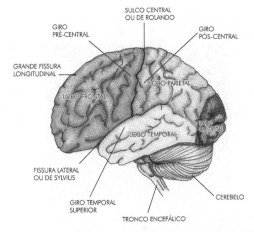

Fig. 11 – Face lateral esquerda do encéfalo. O córtex cerebral está dividido em quatro regiões funcionais ou lobos: o lobo frontal, o lobo parietal, o lobo temporal e o lobo occipital.

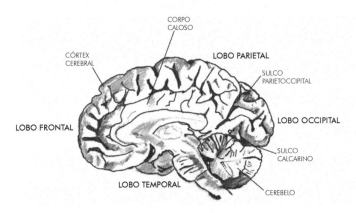

Fig. 12 – Corte sagital do encéfalo (hemisfério direito). O sulco parietoccipital está à direita).

118 Introdução à (Bio)Linguística

Conectado à parte posterior do tronco encefálico está o *cerebelo*, cuja função é sensório-motora (Crossman e Neary, 1997: 85), embora também pareça estar ligado a processos cognitivos (veja Pinel, 2005: 93).

Acima do cerebelo e do tronco encefálico, as Figuras 11 e 12 mostram o cérebro. É no cérebro que tem sido localizada a maioria das funções relativas à linguagem desde que Paul Broca disse sua famosa frase.

Sobre o cérebro humano

Um cérebro pesa, em média, cerca de 1,4 kg num homem adulto jovem. Diz-se "em média" porque cada cérebro é único. No século XIX a relação entre o peso e a inteligência mereceu bastante atenção, e assim surgiram a Sociedade Antropométrica Americana e a Sociedade de Autópsia Mútua de Paris (Abraham, 2005: 72). Edward Anthony Spitzka (1876-1922), que presidiria a Sociedade Antropométrica Americana, descreveu mais de uma centena de cérebros e concluiria "que maior habilidade estava associada a maior peso cerebral" (Witelson, Beresh e Kigar, 2006: 387). Levando em conta a média apontada, o cérebro de Albert Einstein (1879-1955), por exemplo, estava abaixo dela, uma vez que pesava apenas 1,230 kg (Abraham, 2005: 60). Já o cérebro do matemático Carl Friedrich Gauss (1777-1855) pesava mais que essa média: 1,492 kg (Abraham, 2005: 72).

Embora boa parte dos cérebros de indivíduos de ambos os sexos tenha tamanho aproximado (Herculano-Houzel, 2002: 30), em geral, o cérebro das mulheres é menor e pesa menos que os dos homens – 9% a 12% maior no homem (Witelson, Beresh e Kigar, 2006: 387); com a média de 23 bilhões de neurônios num homem contra 19 bilhões de neurônios numa mulher. Embora essa diferença tenha sido usada em favor de propostas sexistas e racistas, caso se conclua dessa diferença de peso e de neurônios que homens são mais inteligentes que mulheres, seria necessário considerar que um homem seria menos inteligente que um elefante, com seu cérebro de cerca de 5 kg.

Na vida adulta, peso e volume diminuem com a idade, cerca de 1,5% (Herculano-Houzel, 2002: 31) ou 2% (Goldberg, 2006: 59) a cada década, em razão da morte de neurônios: em torno de 85 mil por dia (Herculano-Houzel, 2002: 31). A perda de volume não é uniforme e afeta determinadas regiões do cérebro mais do que outras, especialmente os lobos frontal e temporal (Fox e Alder, 2001: 402). A perda de volume é acompanhada pela dilatação

120 Introdução à (Bio)Linguística

dos ventrículos (Fox e Alder, 2001: 402); também os sulcos "se tornam mais proeminentes"; na massa branca surgem lesões focais (Goldberg, 2006: 59). Alguns trabalhos indicam que a idade afeta mais o tamanho do cérebro masculino do que o feminino, embora outros digam que não (Witelson, Beresh e Kigar, 2006: 387).

> Mas a idade não traz somente morte de neurônios: novos neurônios podem surgir na idade adulta, o que até há pouco era considerado impossível, embora esse processo não esteja ainda bem compreendido (Pinel, 2005: 253).

A camada mais externa do cérebro é o *córtex* (do lat. *cortex, -icis*, 'casca'; daí o adjetivo relacionado *cortical*). O *córtex cerebral* é uma massa cinzenta enrugada ou convoluta. Por baixo dessa casca de alguns milímetros de espessura fica a *substância branca* (veja a Figura 10), uma "imensa massa de fibras nervosas" que tem origem e/ou término no córtex cerebral.

A aparência enrugada do córtex cerebral é descrita em termos das elevações e depressões que essa estrutura contém. As elevações são denominadas *giros* (do gr. γῦρος, 'volta'), cujo contorno é delineado por depressões, denominadas *sulcos* ou, caso sejam muito profundas, *fissuras*. Cerca de 70% da superfície da área cerebral fica escondida "na profundidade dos sulcos" (Crossman e Neary, 1997: 101). Caso fosse distendida, ocuparia mais ou menos o espaço equivalente a uma folha de jornal. É muito material para caber numa área que não pode se expandir mais que os limites impostos pelo crânio.

Os indivíduos variam no tocante ao volume e ao padrão superficial do córtex; no entanto, alguns giros servem de base para a divisão do córtex em regiões, ou *lobos*, em razão da constância com que se apresentam nos diferentes indivíduos (Crossman e Neary, 1997: 10, 105). Cada hemisfério subdivide-se em quatro lobos: *frontal, parietal, temporal* e *occipital* (veja a Figura 11).

O *sulco central* ou *de Rolando* delimita o *lobo frontal*, que, como os demais lobos, recebe o nome do osso abaixo do qual está situado. A *fissura lateral* (ou *de Sylvius*) separa o lobo temporal do lobo frontal e do lobo parietal (Figura 11). Na visão lateral, a fronteira entre os lobos parietal e occipital não coincide com nenhum sulco; no entanto, o *sulco parietoccipital* limita os lobos parietal e occipital e pode ser visto numa visão medial (Figura 12).

Uma longa fissura, a *grande fissura longitudinal*, divide o cérebro em duas metades ou *hemisférios cerebrais*, o *hemisfério esquerdo* e o *hemisfério direito* (Figura 13), que são ligados pelo *corpo caloso* (Figura 10).

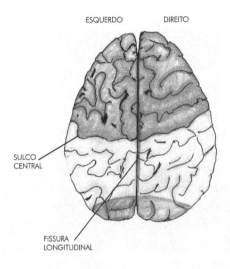

Fig. 13 – Face dorsal do córtex cerebral.

Os dois hemisférios não são imagens espelhadas. Leonard (2001: 361) nota que já no século XIX se apontara que a fissura lateral, por exemplo, era mais longa à esquerda em 63% dos cérebros então pesquisados.

E a linguagem?

Tomando o sulco central como baliza, a parte anterior a ele está relacionada "à organização do movimento [...] e à orientação [...] estratégica dos comportamentos motores complexos, ao longo do tempo" (Crossman e Neary, 1997: 110). A parte posterior ao sulco central "recebe informação sensorial do mundo externo" (Crossman e Neary, 1997: 109): tato (*lobo parietal*), visão (*lobo occipital*) e audição (*lobo temporal*).

As regiões do hemisfério esquerdo tradicionalmente reconhecidas como de grande importância para a linguagem são circunvizinhas ao sulco lateral ou fissura de Sylvius (*veja* a Figura 14), caso das áreas de Broca e de Wernicke, "conceitos abstratos, não estruturas anatômicas" (Leonard, 2001: 353), o que explicaria a localização não coincidente dessas áreas em diferentes trabalhos.

A área de Broca está localizada no giro frontal inferior esquerdo. Para uma localização mais padronizada, ela é definida tomando como referência as *áreas de Brodmann* (veja a Figura 14), mapeamento do córtex cerebral em 52 regiões com base na estrutura celular e sua organização, proposto em 1909 pelo médico alemão Korbinian Brodmann (1868-1918). Para alguns autores a área de Broca é formada pelas áreas 44 e 45 de Brodmann; para outros, somente pela 44; ou ainda somente pela 45; ou pela 44, 45 e 47.

A área de Wernicke está localizada no giro temporal superior, área 22 de Brodmann. Também pode incluir as áreas 39 e 40 (Leonard 2001: 354).

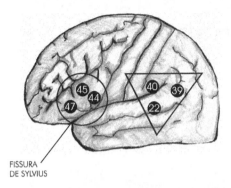

Fig. 14 — Localização das áreas de Broca e de Wernicke nas áreas indicadas por Brodmann.
A área de Broca é localizada nas áreas de Brodmann 44, 45 e 47. A área de Wernicke
é localizada nas áreas de Brodmann 22, 39 e 40.

A assimetria das áreas tradicionalmente relacionadas à linguagem, que de algum modo parecem maiores no hemisfério esquerdo, tem sido associada ao domínio da linguagem: a área 44 de Brodmann, por exemplo, é maior no hemisfério esquerdo que no direito (Cantalupo e Hopkins, 2001). No entanto Cantalupo e Hopkins (2001) demonstraram que chimpanzés, bonobos e gorilas também têm a área 44 mais extensa no hemisfério esquerdo que no direito.

A localização de funções linguísticas

A procura de onde, no cérebro, a linguagem estaria localizada não se encerraria com Joseph Gall. Cerca de meio século mais tarde, Paul Broca (1861a, b) não só propôs que a linguagem era lateralizada como atribuiu a uma área específica do cérebro a função de "centro da linguagem". Essa área no lobo frontal esquerdo receberia seu nome (veja a Figura 8) e seria reconhecida como a área de produção da fala.

Algum tempo depois, em 1874, Wernicke identificaria uma outra área, no lobo temporal esquerdo, que receberia seu nome, a *área de Wernicke*, reconhecida como a área de compreensão da linguagem.

A *casa de Wernicke-Lichtheim* (veja Figura 9) foi uma tentativa pioneira de explicar déficits nas habilidades relacionadas à linguagem: articulação; fluência; compreensão; capacidade de nomear objetos; capacidade de repetir sentenças faladas; leitura.

A *casa* foi revista na década de 1960 pelo neurologista Norman Geschwind (1926-1984), resultando num modelo simples de funcionamento da linguagem, que ficaria conhecido como o *modelo Wernicke-Geschwind*. O modelo Wernicke-Geschwind vê a linguagem como resultante da conexão de áreas discretas do cérebro, através da substância branca, onde se realiza um algoritmo que se processa em etapas sucessivas (veja a Figura 15).

A localização de funções linguísticas   125

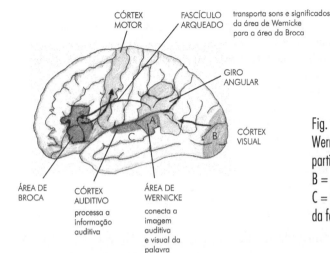

Fig. 15 – Representação do modelo Wernicke-Geschwind. A = ponto de partida da produção da fala; B = ponto de partida da leitura oral; C = ponto de partida da compreensão da fala.

Nesse modelo, para *produzir um enunciado*, o ponto de partida seria a área de Wernicke, que enviaria a informação à área de Broca através do fascículo arqueado. Dali seriam ativados o córtex motor primário e, posteriormente, os músculos da articulação. Para a *compreensão da fala*, o modelo propunha que o som da fala seria recebido pelo córtex auditivo primário, mas teria de passar pela área de Wernicke para ser percebido como mensagem verbal, onde ocorreria a compreensão. Se a compreensão de um enunciado se desse a partir do processo de *leitura oral*, o sinal visual seria recebido pelo córtex visual primário e levado ao giro angular esquerdo, onde seria traduzido em código auditivo antes de ser levado à área de Wernicke. Escrever uma palavra em resposta a uma instrução dada oralmente faria o caminho contrário: do córtex auditivo primário para a área de Wernicke e para o giro angular (Geschwind, 1979: 111).

> Como no modelo da *casa*, Geschwind podia fazer previsões sobre os sintomas que uma lesão causaria:
>
> > Este modelo explica muitos dos sintomas que caracterizam as afasias. Uma lesão na área de Broca perturba a produção da fala, mas tem efeito muito menor sobre a compreensão. Uma lesão na área de Wernicke, por outro lado, afeta todos os aspectos do uso de uma língua. Os efeitos de certas lesões mais raras estão também em acordo com o modelo. Por exemplo, a destruição do fascículo arqueado, que desconecta a área de Wernicke da área de Broca, deixa a fala fluente e bem articulada, mas semanticamente aberrante: área de Broca está operante, mas não recebe informação da área de Wernicke. Contudo, uma vez que este último centro também permanece funcional, a compreensão das palavras faladas e escritas é quase normal. A

> escrita é afetada em todas as afasias onde a fala é anormal, mas os circuitos neurais empregados na escrita não são conhecidos em detalhe.
>
> Lesões no giro angular têm o efeito de desconectar os sistemas envolvidos na língua ouvida e na língua escrita. Pacientes com lesões em certas áreas do giro angular podem falar e compreender a fala normalmente, mas têm dificuldade com a língua escrita. A compreensão de uma palavra escrita parece requerer que a forma auditiva da palavra seja evocada na área de Wernicke. Dano no giro angular parece interromper a comunicação entre o córtex visual e a área de Wernicke, de modo que a compreensão da língua escrita é comprometida (Geschwind, 1979: 111-112).

O modelo Wernicke-Geschwind recebeu várias críticas. Por essa razão, começou a ser revisto.

Primeiramente, as atividades da linguagem com que o modelo lida, como *fala*, *compreensão* e *leitura*, são complexas e podem ser subdivididas em aspectos que as constituem, definidos com instrumental da Linguística, obtido em áreas com tradição de pesquisa como Fonética, Fonologia, Sintaxe, Morfologia e Léxico. Também algumas das previsões com relação a pacientes com lesões nas áreas focalizadas no modelo não produzem exatamente o que o modelo previa com relação a produção e expressão linguísticas. Além disso, a estimulação de áreas do córtex diferentes e distantes pode resultar numa interferência linguística de mesmo tipo, por exemplo, a nomeação.

Lieberman (2002) elenca uma quantidade de locais do cérebro, tanto corticais como estruturas subcorticais que não as áreas de Broca e de Wernicke, envolvida com a linguagem: gânglios basais, cerebelo, córtex pré-frontal, regiões corticais posteriores. Nesse sentido, como Kenneally (2007: 178), cabe ressaltar as palavras de Bates e Dick (2000: 71)

> praticamente em cada laboratório que conduziu estudos sobre a ativação da linguagem, a primeira fase de experimentos foi planejada para descobrir as "áreas da linguagem" discretas e voltadas para esse fim, ou pelo menos as "áreas relevantes para a linguagem" que (por definição) seriam ativadas seletivamente por *tarefas*[G] linguísticas específicas. Áreas relevantes para a linguagem foram prontamente encontradas. Dúzias delas. Centenas delas. Dependendo da tarefa, do desenho do experimento, da população em questão, e/ou dos protocolos usados em determinado laboratório, virtualmente toda região do cérebro humano foi implicada em pelo menos um estudo de ativação da linguagem. As "regiões de interesse" perisilvianas esquerdas usuais aparecem em muitos estudos, mas a literatura também está repleta de resultados positivos para os homólogos dessas zonas no hemisfério direito, como também de regiões pré-frontais, regiões parietais, áreas temporais variadas (basais, mediais, ventrais) e (onde são possíveis de detectar) achados de peso cerebelares e subcorticais.

A lateralização de funções

A observação de que os hemisférios comandam habilidades diferentes levou ao conceito de *lateralização funcional*. Purves et al. (2005: 587-589) enfatizam que o verdadeiro significado da lateralização "está na subdivisão eficiente de funções complexas entre os hemisférios, e não em alguma superioridade de um hemisfério sobre o outro".

No que diz respeito à linguagem (aqui compreendidos o falar, o escrever e o ler), o hemisfério esquerdo é especialmente importante. Isso não significa que o outro hemisfério não tenha nenhum papel no controle da linguagem. Não se trata de tudo ser feito por um lado e nada pelo outro. O hemisfério direito é especialmente importante "na compreensão e na produção de comunicação não verbal e na compreensão das relações espaciais" (Lundy-Ekman, 2004: 371).

Os cérebros dos homens parecem mais lateralizados no tocante à linguagem que os das mulheres (Clements et al., 2006), uma vez que estas, "mais do que os homens, tendem a usar os dois hemisférios em tarefas relacionadas com a linguagem" (Pinel, 2005: 425).

As evidências para a lateralização da linguagem foram obtidas principalmente (Leonard, 2001: 352): (a) do estudo de pacientes com afasia (como o caso de Leborgne); (b) de testagem de avaliação para neurocirurgia (como o *teste do sódio amital*, também denominado *teste de Wada*); (c) da ativação cerebral observada com tecnologia de imagem.

A lateralização da linguagem no lado esquerdo vale para os canhotos?

A lateralização funcional da linguagem seria diferente para canhotos e destros, uma vez que o hemisfério esquerdo controla boa parte de nosso lado direito, ao passo que o hemisfério direito controla boa parte de nosso lado esquerdo do corpo? Broca achava que sim (Leonard, 2001: 350), com base num paciente canhoto que se tornara afásico após ter o hemisfério direito lesionado; no entanto, embora quase universal, a lateralidade esquerda da fala e a preferência pela mão direita não chegam a constituir-se uma regra categórica, como pensou Broca.[1] Foi o que demonstrou o procedimento que ficou conhecido como *teste de Wada* ou *teste de sódio amital*.

O *teste de Wada* consiste em ministrar uma injeção de um barbitúrico de ação rápida na artéria carótida esquerda ou direita do paciente. Levado ao hemisfério ipsilateral ('que está no mesmo lado') pela corrente sanguínea, o efeito é quase imediato e dura por cerca de dez minutos (Bear, Connors e Paradiso, 2002: 641). Solicita-se ao paciente que conte em ordem decrescente ou que responda a perguntas. O paciente para de contar ou de responder quando a droga atinge o hemisfério que suporta a linguagem (Leonard, 2001: 351) e fica mudo por cerca de dois minutos (Pinel, 2005: 148); caso contrário, ele continua a falar, com alguns pequenos problemas na fala (Pinel, 2005: 148). O hemisfério contralateral ('que está no lado oposto') quase não é afetado.

O *teste de Wada* demonstrou que a preferência manual esquerda não permitia decidir *a priori* a lateralização da linguagem no hemisfério direito. A dominância do hemisfério esquerdo para a linguagem se deu para 96% dos que tinham dominância manual direita e para 70% dos que tinham dominância manual esquerda. Dentre os canhotos (mas nenhum dentre os destros), 15% tinham dominância bilateral:

> 70% dos pacientes canhotos interrompiam a contagem quando o hemisfério esquerdo era anestesiado, enquanto 15% [...] não paravam de contar, sugerindo que eles possuíam um controle bilateral da linguagem. Os 15% restantes [...] interrompiam a contagem quando o hemisfério direito era anestesiado (Leonard, 2001: 351).

Levando-se em conta a estimativa de que o número de canhotos não é maior que 8% (Gazzaniga, Ivry e Mangun, 1998: 325) ou 9% (Geschwind,

1979: 117) da população mundial, pode-se inferir que para a quase totalidade dos seres humanos a dominância para a linguagem está no hemisfério esquerdo.

O controle bilateral da linguagem de parte dos indivíduos da amostra evoca pesquisa relatada por Herculano-Houzel (2002), levada a cabo em 1996 por Peter Fox e equipe. Comparando a atividade cerebral de indivíduos com gagueira e indivíduos sem gagueira durante a leitura de um parágrafo em voz alta, os indivíduos com gagueira tinham os dois hemisférios com atividade ao mesmo tempo. Para os indivíduos sem gagueira (Herculano-Houzel, 2002: 70-72),

> durante a tomografia, ficaram evidentes os circuitos envolvidos: zonas que controlam os movimentos da boca, a geração de sequências de movimentos e a monitoração auditiva da fala, todas predominantemente no lado esquerdo do cérebro. Além, é claro, das zonas visuais, estas nos dois lados do cérebro.

Para os indivíduos com gagueira,

> os sistemas motores ficaram ativos nos dois lados do cérebro, e mais no lado direito do que no lado esquerdo, apoiando a teoria da menor lateralização da fala.

Bem menos invasivo que o teste de Wada, mas menos preciso, uma vez que as "vias auditivas de cada ouvido [...] são bem distribuídas bilateralmente no córtex" (Leonard, 2001: 352), o *teste auditivo dicótico* ou **teste de escuta dicótica**[G] demonstrou que indivíduos destros em geral "descrevem informações verbais (palavras e números) ouvidas por meio do ouvido direito mais acuradamente que as ouvidas por meio do ouvido esquerdo" (Leonard, 2001: 352), porque aquelas chegam mais depressa ao hemisfério esquerdo. Mas não é tão simples: "a superioridade do ouvido direito é específica para as consoantes, não para as vogais" (Leonard, 2001: 352). Observações como essa levam a questionar a complexidade de conceitos como *compreensão* ou *fala* muito amplos e, em razão disso, vagos, e despertam a necessidade de análise linguística acurada dos dados.

Há evidências de lateralização para os natissurdos que se utilizam da língua de sinais?

Há evidências de que a importância do hemisfério esquerdo se mantém também no que diz respeito às línguas de sinais. Após lesão nas áreas da linguagem no hemisfério esquerdo, os indivíduos com surdez congênita usuários de línguas de sinais podem apresentar afasias similares às dos indivíduos ouvintes. Bear, Connors e Paradiso (2002: 650) assinalam que

> [e]m alguns casos, analogamente à afasia de Broca, a compreensão é boa, mas a habilidade de "falar" mediante linguagem de sinais está gravemente prejudicada. É importante salientar que a habilidade de mexer as mãos não está prejudicada (i. e., o problema não é com o controle motor); pelo contrário, o déficit é específico para o uso dos movimentos das mãos para a expressão da linguagem.
>
> Existem também versões da linguagem de sinais para a afasia de Wernicke, na qual os pacientes fazem os sinais fluentemente, mas com muitos erros, além de terem dificuldades em compreender os sinais dos outros.

Por outro lado, lesões no hemisfério direito nas áreas correspondentes às da linguagem no hemisfério esquerdo não levam a afasias no sinal, mas afetam, por exemplo, o tom emocional da sinalização (Purves et al., 2005: 600).

Nota

[1] E como foi mostrado recentemente no seriado de televisão House M.D. No episódio "Half Wit" (na versão brasileira, "Meia Capacidade"), o personagem que dá nome ao seriado afirma sobre o paciente que "he can still talk and he is left-handed, which means his speech is in his right side" (em português: "ele ainda fala e é canhoto, então a região da fala fica no lado direito"). E, sem nenhum teste, manda um paciente adulto para uma hemisferectomia (House M.D., 3ª temporada, direção Bryan Singer, Universal Studios, 2007).

Para ir além

Para uma introdução a tópicos das Neurociências:
• Herculano-Houzel (2002).

Também pode servir de introdução bem-humorada a narrativa sobre a saga do cérebro de Einstein:
• Abraham (2005).

On-line

• Para o *Papiro Edwin Smith*:
<http://www.neurosurgery.org/cybermuseum/pre20th/epapyrus.html>.

• Os cérebros de Leborgne e de Lelong foram recentemente examinados em imagens de alta resolução:
<http://brain.oxfordjournals.org/cgi/content/full/130/5/1432.

• Há um panorama da área (em inglês):
<http://faculty.washington.edu/chudler/split.html> e <http://thebrain.mcgill.ca/flash/index_i.html>.

• Quanto à importância do tronco encefálico nas funções vitais, a história bizarra de "Mike, o frango sem cabeça" pode ser encontrada em:
<http://en.wikipedia.org/wiki/Mike_the_Headless_Chicken>.

• Temas em desenvolvimento no Brasil, com textos produzidos recentemente pelos envolvidos nesses projetos:
<http://www.acesin.letras.ufrj.br/equipe.htm> e <http://www.letras.ufrj.br/clipsen/temas_de_pesquisa.htm>.

PARTE 5
Sobre as línguas

O produto da faculdade da linguagem num indivíduo adulto criado em condições em que não esteja isolado do contato linguístico é um sistema complexo que possibilita mais que a expressão da emoção ou de um número finito de mensagens. Essa característica, desde sempre considerada distintiva dos seres humanos, foi tomada pela Gramática Gerativa como o ponto central a ser explicado pela teoria. Por essa razão é uma teoria sintaticocêntrica. Isso explica por que as listas de características de uma língua numa obra gerativa parece (e é) tão diferente das que a tradição apresenta. É que mudou o conceito de língua.

O que é uma língua, afinal?

A linguagem torna possível o desenvolvimento de uma língua no indivíduo. Uma *língua* é um sistema de símbolos (orais ou de sinais) e de mecanismos que regem a combinação dos símbolos (a *gramática*); desenvolve-se no indivíduo numa época específica de sua vida, com a condição de que exista uma língua em uso no ambiente, que sirva de gatilho para o início do processo. É esta condição que leva à denominação *língua natural*: não é inventada; é o resultado espontâneo de uma capacidade inata em face de condições ambientais suficientes.

Talvez a definição mais comum de língua seja a de um meio de comunicação, porque "[a] comunicação fornece um veículo para transmitir informação e para expressar aos outros o que se percebe" (Hauser, 1997: 1).

Embora uma língua possa, como os sistemas de outros animais, expressar a emoção e atuar sobre o próximo, vista como um sistema de comunicação sua função primordial é a de referir-se a fatos, ideias, isto é, representar o mundo. Para isso, prescinde da presença do referido no ambiente imediato. A comunicação acerca de eventos e coisas que não estão presentes no ambiente que cerca o falante permite falar sobre o futuro ou sobre o passado, sobre um mundo imaginado, por exemplo.

Cairstairs-McCarthy (2001: 8-9) relata pesquisa de Cheney e Seyfarth, que, nas décadas de 1980-1990, reviram a interpretação acerca de avisos de perigo emitidos por um tipo de macaco africano do gênero *Cercopithecus*, o macaco-veludo, quando em seu *habitat* natural. Esses animais emitem alarmes distintos, na dependência de o predador que os ameaça ser uma águia, uma cobra ou um leopardo, distinção importante na medida em que cada alarme leva a ações distintas. A interpretação comum até então era a de que o animal comunicava a emoção que vivenciava; os que ouviam o aviso agiam porque viam o perigo também. Cheney e Seyfarth demonstraram, usando um gravador

136 Introdução à (Bio)Linguística

escondido, que os animais fugiam do perigo ao ouvir o aviso mesmo sem ver o predador. Mais: se o aviso fosse emitido por um filhote, que inicialmente emite alarmes sem distinguir uma águia de uma folha cadente, a situação de perigo seria confirmada antes de os demais adultos atenderem ao aviso. Tais resultados, se colocam em discussão a possibilidade de ao menos algumas espécies poderem usar da comunicação de modo a não expressar apenas emoção, mas também a referência – o alarme emitido por um animal expressaria informação sobre o ambiente que cerca o emissor, e não apenas o medo do emissor, por exemplo –, ainda apontam restrições ao que pode ser representado, limitação de que as línguas naturais não sofrem.

Embora comum, a definição de língua como meio de comunicação tem problemas, já que: (1) como nota Hauser, "os organismos diferem no tocante ao que pode ser transmitido e ao que pode ser percebido" – nesse sentido a definição é por demais ampla –; e (2) uma língua não é apenas um meio de comunicação – assim, a definição é por demais restritiva.

Definir as línguas naturais como meios de comunicação não as distingue de outras formas de transmissão de informação, como a comunicação animal ou linguagens artificiais da computação, como Fortran, C^{++}... Os insetos, por exemplo, usam para sua comunicação sinais químicos, táteis, visuais e auditivos (Ruppert e Barnes, 1996: 825). As formigas que saem à procura de alimento deixam no solo, em seu retorno, substâncias que marcam a trilha para outras formigas. Dentre os vaga-lumes, os *flashes* bioluminescentes têm por função a atração sexual. Os grilos, bem como cigarras e gafanhotos, produzem sons por raspamento. No caso dos grilos, "a margem dianteira da asa anterior [...] age como um raspador e é esfregada sobre uma lima formada por uma veia da asa anterior. [...] o raspador e a lima cruzam-se, uma asa dianteira funcionando como um raspador e a outra como uma lima" (Ruppert e Barnes, 1996: 826). Tais melodias "funcionam na atração sexual e na agressão" (Ruppert e Barnes, 1996: 826). Pode-se dizer que todas essas são formas de comunicação; no entanto, o que pode ser comunicado é bastante limitado se comparado a uma língua.

Uma língua não é usada apenas para a comunicação. Como notou Chomsky (2006: 93) em tom divertido, retomando uma citação atribuída ao escritor britânico Somerset Maugham (1874-1965), "[s]e ninguém falasse a não ser quando tivesse algo a dizer, [...] a raça humana perderia o uso da fala muito rapidamente".

Uma língua é, principalmente, "um sistema para expressar o pensamento" (Chomsky, 2006: 93).

> Quando a linguagem é internalizada, deixa de ser apenas um meio de comunicação social e, desse modo, é removida da família das linguagens animais. Torna-se agora um instrumento de reflexão e de exploração, com o qual o falante constrói mensagens hipotéticas antes de escolher uma para enunciar. [...] Não repetimos velhas frases para nós mesmos, mesmo quando retornamos a antigas fantasias. Construímos uma nova sentença, e uma razão pela qual compreendemos as sentenças inesperadas dos outros é que reconhecemos nossa própria prática e modo de criá-las (Bronowsky, 1967: 383).

Procurando explicar a criatividade linguística

Por *criatividade linguística* compreende-se a habilidade de qualquer indivíduo para falar e compreender, sem esforço, enunciados que nunca ouviu antes. Uma vez que a possibilidade de criar um número infinito de sentenças gramaticais deriva do conhecimento de um número finito de elementos e de princípios linguísticos, essa propriedade das línguas humanas é também denominada *infinitude discreta*[G].

> A *criatividade linguística* (ou simplesmente *criatividade*) resulta da *recursividade* que caracteriza a sintaxe. O conceito não tem relação com o uso coloquial da palavra *criatividade*, que remete a aspectos estéticos ou mesmo artísticos do uso de uma língua, ou à imaginação. No sentido teórico, qualquer indivíduo, ao atingir o estágio relativamente estável (ou língua-I) tem *criatividade linguística*.

O aspecto inovador refletido no uso linguístico já fora apontado pelo filósofo francês Renée Descartes. Essa característica faz parte da natureza humana e é capaz de distinguir um homem de uma máquina ou de um animal. Assim, para Descartes (1977: 74-75 – grifo nosso),

> [...] se, de tais máquinas, algumas houvesse com os órgãos e a figura de um símio ou de qualquer animal sem razão, não teríamos nenhum meio de reconhecer que elas não seriam totalmente da mesma natureza que esses animais. Ao contrário, se as houvesse com a semelhança dos nossos corpos e imitassem as nossas acções quanto moralmente fosse possível, *teríamos sempre dois modos certíssimos de reconhecer que elas de modo nenhum seriam verdadeiros homens. O primeiro é que jamais poderiam usar de palavras nem da composição de outros sinais, como nós fazemos para declarar aos outros os nossos pensamentos.* Pode muito bem conceber-se uma máquina feita de tal modo que profira palavras e, até, que profira algumas a propósito das acções

Procurando explicar a criatividade linguística **139**

corpóreas que causem alguma mudança nos seus órgãos. Por exemplo, tocando-lhe em certo ponto, pergunte o que lhe querem dizer; tocando-lhe noutro, grite que lhe estão a fazer mal; e coisas semelhantes. *Mas não se conseguirá que ela combine diversamente as palavras para responder ao sentido de tudo o que disserem na sua presença, tal como até os homens mais embrutecidos conseguem fazer.* E o segundo é que, embora essas máquinas fizessem várias coisas tão bem ou melhor talvez do que qualquer de nós, falhariam infalivelmente noutras, pelas quais se descobriria não agirem por conhecimento, mas tão só pela disposição de seus órgãos.

Muitos séculos depois de Descartes, o desenvolvimento tecnológico permitiu o aparecimento de máquinas com desempenho semelhante ao daquelas que ele imaginou. Mas a diferença essencial que ele apontara continua presente, e a Linguística considerou esse o traço essencial a ser explicado por uma teoria linguística.

Uma máquina pode ser programada para produzir enunciados corretos numa língua. Tome-se para exemplo um sistema pronominal, cuja base é a noção gramatical de pessoa. Pessoa é uma categoria gramatical que distingue o falante (1), o destinatário (2) e um não participante (3). Os pronomes também podem ser marcados para definitude, como definidos (DEF) ou indefinidos (INDEF), na condição de o falante considerar que determinado ser é ou não identificável pelo destinatário. Ambas as categorias podem combinar-se nos pronomes, como acontece no português:

(5.1)
a. *ele*   3SG DEF
b. *alguém*   3SG INDEF
c. *eu*   1SG DEF
d. /   1SG INDEF

Uma máquina, uma vez programada, poderia dar conta desse sistema de combinações de modo que, para um observador externo, seria português. Mas não se espere de uma máquina que expresse pensamentos, aflições e ainda o faça com a fluência de Hal 9000, o computador de *2001: Uma odisseia no espaço*.[1]

Quando se tenta estabelecer o que confere às línguas seu caráter ímpar em face de outros sistemas de comunicação no mundo animal é a *criatividade linguística* ou *infinitude discreta* o aspecto sempre realçado. Um falante de uma língua tem a capacidade de falar e de compreender um número infinito de frases. Ele não memoriza as frases que ouviu anteriormente para transformar cada ato de fala na repetição de algo que ouviu anteriormente. Cada frase é

140 Introdução à (Bio)Linguística

criada como nova, porque os símbolos discretos são combinados segundo uma gramática que possibilita, repetindo uma frase bem conhecida, *o uso infinito de meios finitos*. Isso é possível em razão de duas características: a *recursividade* e a *dependência de estrutura*.

A recursividade

A recursividade é a propriedade da sintaxe que fundamenta a *criatividade linguística* ou *infinitude discreta*. O termo foi tomado da Matemática. Se temos duas unidades linguísticas discretas – duas palavras – elas podem ser combinadas, formando uma nova unidade, que, por sua vez, pode ser combinada novamente. A estrutura forma-se numa rede hierárquica.

O verbo *detestar*, por exemplo, pode combinar-se com um nome, como *sapatos*, por exemplo (5.2a); um verbo como *achar* pode combinar-se com o resultado dessa combinação (5.2b). Também um nome pode combinar-se com uma sentença (5.2c).

(5.2)
a. Maria detesta sapatos.
b. Cris acha [que Maria detesta sapatos.
c. A certeza de [que Cris acha [que Maria detesta sapatos.

É em razão da recursividade que não faz sentido perguntar quantas frases há numa língua, ou qual a frase mais longa de uma língua, por exemplo. Uma frase como (5.3) a seguir

(5.3)
O homem saiu.

pode ser ampliada, como ilustrado em (5.4)

(5.4)
O homem saiu.
João disse [*que o homem saiu.*
Maria negou [*que João disse* [*que o homem saiu.*
Cris sabe [*que Maria negou* [*que João disse* [*que o homem saiu.*

e assim indefinidamente, não fossem questões como a memória, por exemplo.

Recentemente, o caráter universal da recursividade foi questionado para uma língua indígena brasileira, o pirahã (Everett, 2005). Nas palavras de Everett, o pirahã demonstra o impacto de uma cultura pobre sobre a linguagem, gerando uma língua pobre: a comunicação se restringe à experiência imediata dos interlocutores (Everett, 2005: 622), o que gera um panorama cultural e linguístico extremamente restritivo:

> a cultura pirahã limita a comunicação a temas não abstratos, no âmbito da experiência imediata dos interlocutores. Este limite explica um grande número de traços muito surpreendentes da gramática pirahã: a ausência de números de qualquer espécie ou de um conceito de contagem e de quaisquer termos para a quantificação, a ausência de nomes de cores, a ausência de encaixe, o mais simples dos inventários conhecidos de pronomes, a ausência de tempos relativos, o mais simples dos sistemas de parentesco já documentados, a ausência de mitos de criação e ficção, a ausência de memória individual ou coletiva que recue mais do que duas gerações, a ausência de pintura ou outra arte [...] e o fato de que os pirahãs são monolíngues depois de mais de duzentos anos de contato regular com brasileiros e com os kawahivs.

Everett (2005: 630) aponta a impossibilidade de recursividade, por exemplo, na indicação de possuidor prenominal, como em (5.5).

```
(5.5)
*kó'oí    hoagí    kai        gáihií    'íga
name      son      daughter   that      true
"That     is       Kó'oí's son's daughter."
('Essa    é        a filha do filho de Kó'oí')
```

Sua explicação para a agramaticalidade de (5.5) é que todos os índios pirahãs se conhecem e todos logo vêm a saber do nascimento de uma criança e, por conseguinte, não há necessidade de mais de um nível de indicação de possuidor. Nevins, Pesetsky e Rodrigues (2007) refutam a análise de Everett, com dados do inglês e do alemão: o tipo de genitivo recursivo do inglês não é possível em alemão, o que não depende da cultura nem é indicativo de que uma dessas línguas não tenha recursividade (nem de que todos os alemães se conheçam).

142   Introdução à (Bio)Linguística

A dependência de estrutura

É uma propriedade das línguas naturais todas as operações tomarem por base a estrutura sintática, e não a ordem linear ou características fonológicas. Em outras palavras: todas as operações são *dependentes de estrutura*. A sintaxe preparada para um computador pode levar em conta a ordem e conter, por exemplo, uma regra como (5.6),

> (5.6)
> Dada uma sequência de palavras S_n, denotada por
>
> $S_n =$ 1 2 3 4 ...n
>   1 2 3 4 ...n
>
> é obrigatória a permutação entre a terceira e a quarta palavras, denotada por:
>
> $S_1 =$ 1 2 3 4 ...n
>   1 2 4 3 ...n

ou uma permutação como a de (5.7), em que todas as palavras mudam de posição, definida em S_2.

> (5.7)
> $S_2 =$ 1 2 3 4 ...n
>   n... 4 3 2 1

Um enunciado qualquer, embora seja uma sequência linear de palavras, tem sintaxe.

> (5.8)
> a. *A loja de [livros de medicina.*
> b. *A loja de livros [da esquina.*

Só é possível compreender a diferença entre os enunciados em (5.8) ou quaisquer outros enunciados caso se perceba que as palavras que os constituem estão organizadas em estruturas hierárquicas e não são apenas uma sequência linear. É a organização hierárquica que permite a qualquer falante de português achar que somente (5.8a) poderia responder a uma pergunta como *A loja de quais livros?*

Se houvesse regras possíveis para um computador, mas não para um ser humano, o que aconteceria quando se tentasse aprender uma dessas línguas impossíveis?

Nota

[1] *2001: A Space Odyssey.* Direção: Stanley Kubrick. MGM, 1968.

Testando regras impossíveis:
o *savant* linguístico "Christopher"

O termo *savant* é empregado para designar um indivíduo que manifesta alguma capacidade excepcional, como Matemática, Música ou Arte, mas que em muitos domínios tem capacidades intelectuais mínimas (Gazzaniga e Heatherton, 2005: 267). O *savant* que participou da experiência em foco, desenvolvida por Neil Smith e Ianthi-Maria Tsimpli (1995), chamava-se "Christopher" e tinha uma habilidade extraordinária para desenvolver uma segunda língua.[1] Quando Smith e Tsimpli o conheceram, "Christopher" estava com 28 anos.

"Christopher" nasceu em janeiro de 1962, quando sua mãe tinha 45 anos. A gravidez foi problemática: a mãe de "Christopher" contraiu rubéola, teve uma queda e, durante o longo trabalho de parto, precisou de oxigênio. Com 6 semanas a família recebeu o diagnóstico de que a criança tinha um dano cerebral de nascença (Smith e Tsimpli, 1995: 4). Por volta dos 3 anos "Christopher" passou a demonstrar grande interesse por livros como dicionários e catálogos telefônicos. Com 6 ou 7 anos passou a interessar-se por textos em língua estrangeira, acessíveis para ele em virtude de a irmã trazê-los do trabalho para casa. Para reforço do interesse por línguas estrangeiras convergiu a transmissão das Olimpíadas do México de 1968. "Christopher" começou, então, a brincar que era estrangeiro (usando, por exemplo, uma toalha como turbante) e que falava uma língua estrangeira (Smith e Tsimpli, 1995: 1). Aos 20 anos "Christopher" recebeu o diagnóstico de hidrocefalia.

"Christopher" falava 16 línguas além do inglês, sua língua materna: alemão, dinamarquês, espanhol, finlandês, francês, galês, grego moderno, hindi, holandês, italiano, norueguês, polonês, português, russo, sueco e turco. Dentre essas, saía-se melhor em quatro: grego moderno, francês, espanhol e italiano (Smith e Tsimpli, 1995: 80). Um exemplo de seu português (que não estava entre essas quatro) pode dar uma ideia do que seria seu desempenho menos

144 Introdução à (Bio)Linguística

bom (Smith e Tsimpli, 1995: 15): "O cão estava imóvel no passeio, olhando fixamente a luz vermelha. De súbito luz verde, automóveis a travar – e o cão atravessou para o lado de lá".

Dominava uma segunda língua com rapidez e com fluência, embora seu domínio de morfologia e léxico fosse mais impressionante que o de sintaxe (Smith e Tsimpli, 1995: 135).

O projeto de Smith e Tsimpli consistiu em ensinar duas línguas a "Christopher": berber (língua camito-semítica) e "epun". Esta última era uma língua criada para a pesquisa, desenhada de modo a violar princípios universais da linguagem. Combinava propriedades de línguas naturais (língua sujeito-verbo-objeto [SVO] com morfologia flexional complexa), mas incluía:

> (a) operações independentes da estrutura, como agregar uma partícula de ênfase no final da terceira palavra ortográfica;

> (b) *operações dependentes de estrutura*[G], mas anômalas, como negar uma sentença SVO trazendo o verbo para o início e formar o passado pela anteposição do objeto;

> (c) operações morfológicas nunca atestadas, em especial envolvendo a concordância.

Para "Christopher" e para o grupo de controle, o tipo (a) foi o mais difícil. "Christopher" também teve muita dificuldade com (b), mas com mais exposição seu desempenho melhorou, o que não aconteceu com (c), com as quais teve facilidade. O grupo de controle, composto de indivíduos não *savants*, ao contrário, embora tenha tido dificuldades com (a) e (b), saiu-se melhor que ele em ambos os aspectos, mas não em (c). O estudo concluiu que os indivíduos do grupo de controle puderam lançar mão da inteligência geral para resolver (a) e (b), o que não era possível para "Christopher". Quanto a (c), o estudo concluiu que o aprendizado da morfologia e do léxico são de tipo diferente do aprendizado da sintaxe.

Nota

[1] Para uma crítica às conclusões de Smith e Tsimpli, ver Bates (1997).

Testando regras impossíveis: estudos com imagem

Musso et al. (2003) desenharam um experimento que permitia comparar a atividade cerebral de indivíduos durante o aprendizado de regras linguísticas reais e durante o aprendizado de regras irreais. No primeiro estudo, 12 falantes nativos de alemão que nunca tinham sido expostos ao italiano nem a uma língua românica aprenderam três regras reais do italiano e três regras *impossíveis*; um segundo grupo, com 11 participantes, aprendeu japonês em condições semelhantes.

As regras irreais do italiano foram usadas com o léxico do italiano. A primeira regra, de construção de sentenças negativas, era independente de estrutura: colocar a negativa *no* do italiano depois da terceira palavra da oração, como em (5.9) a seguir:

(5.9)
Paolo	mangia	la	no	pera
Paolo	come	a	não	pera
1	2	3	NEG	4

Também a segunda regra era independente de estrutura: formar a interrogativa pela inversão da sequência de palavras:

(5.10)
Paolo	mangia	la	pera ⇨
1	2	3	4

Pera	la	mangia	Paolo
4	3	2	1

146 Introdução à (Bio)Linguística

A terceira regra indicava que o artigo indefinido deveria concordar com o último nome da frase:

(5.11)
Una bambino mangia la pera
FEM MASC   FEM FEM

Um exemplo do japonês inventado: afixar a marca de passado -*ta* à segunda palavra contada da direita para a esquerda.

Todas as regras foram aprendidas, mas a imagem por ressonância magnética funcional demonstrou que a atividade cerebral nas regras reais ocorria no giro frontal inferior esquerdo (a área de Broca), mas não nas tarefas que envolviam o japonês ou o italiano inventado.

Outras propriedades das línguas

Propostas da Linguística voltadas não para a explicação da criatividade, mas para a função social das línguas, enfatizaram outras características, tais como a *dupla articulação* e a *arbitrariedade*.

A dupla articulação ou dualidade de estrutura

> Quando uma bandeira... ondula no mastro... ela tem duas existências: a primeira é ser um pedaço de pano vermelho ou azul, a segunda é ser um signo ou um objeto, que se entende dotado de um sentido para aqueles que o percebem (Saussure 2004: 52).

A comparação de uma língua com um sistema de sinalização marítimo por bandeiras é simplificadora, como o próprio Saussure reconheceu, mas ilustra, didaticamente, que a *dupla articulação* repousa sobre o reconhecimento de que as unidades linguísticas: (a) são discretas, isto é, distintas; e (b) organizam-se em dois níveis, o das unidades sem significado e o das unidades com significado. Assim, as unidades sonoras sem significado – /k/, /a/, /z/ e novamente /a/, por exemplo – podem combinar-se numa sequência sonora a que atribuímos determinado significado – um tipo de moradia ou uma forma do verbo CASAR – em português. Nas palavras de Câmara Jr. (1973: 16),

> a enunciação vocal humana é articulada, porque se presta a uma divisão sistemática, por meio da qual chegamos a elementos sônicos significativos. E, por outro lado, esses elementos existem, porque a sua significação permanente assegura a sua individualidade nítida e nos faz reconhecê-los, sempre idênticos a si mesmos, nas mais variadas circunstâncias.

148 Introdução à (Bio)Linguística

A *dupla articulação* permite que os sons que o trato vocal humano é capaz de produzir participem de combinações que possibilitam um grande número de formações com significado. Embora as línguas usem apenas um pequeno conjunto de segmentos, em geral entre 20 e 37 (Maddieson, 1984: 7), a amostra Upsid (sigla para Ucla Phonological Segmental Inventory Database), com dados de 451 línguas, coletou 951 segmentos, dos quais 652 são consoantes, 180 são vogais e os restantes 89 são ditongos.

> O Upsid aponta como extremos no número de segmentos, de um lado, o mura e o rotokas – a que Boer (2001: 7-8) soma o pirahã –, com 11 segmentos, e, de outro, a língua khoisan conhecida como !xũ, com 141 segmentos, dos quais 48 são cliques.

A possibilidade de segmentar um enunciado em unidades, também reconhecíveis quando presentes em quaisquer outros enunciados, diferencia as unidades de uma língua não somente de expressões faciais ou de gestos, mas também de sons emitidos por outros animais. Essa tem sido apontada como uma característica distintiva da linguagem humana.

A arbitrariedade

Na Linguística, *arbitrariedade* significa que um símbolo representa algo apenas por convenção, sem procurar reproduzir ou evocar suas características físicas, como uma imagem faria. Um exemplo: nada na cadeia sonora *lápis* evoca o objeto a que essa palavra faz referência. Tanto é assim que línguas diferentes podem usar uma cadeia sonora diferente para nomear um *lápis*, em sequências e/ou com sons que não existem em português. O mesmo acontece com as línguas de sinais. Embora muitas vezes se diga que os sinais imitam o mundo (isto é, são *icônicos*), vale a pena lembrar que as línguas de sinais são diferentes umas das outras e que os que não as conhecem não conseguem reconhecer nenhum sinal.

> *Arbitrariedade* é mais um termo que não tem, na Linguística, o significado com que essa palavra é empregada de forma corrente, quando evoca "autoritarismo", "despotismo", "opressão"...

Bronowsky (1967: 376) reporta-se a Hockett para ressaltar que as línguas humanas não são únicas quanto à *arbitrariedade*: "o pedido de socorro de um animal não tem mais semelhança com a necessidade que ele simboliza do que tem um S.O.S humano". Tampouco uma língua humana "é composta unicamente de símbolos arbitrários [...] nem a linguagem animal é completamente livre deles". As *onomatopeias* (isto é, palavras cujos sons evocam sons existentes no mundo biossocial), por exemplo, contam como exceções à arbitrariedade, na medida em que procuram assemelhar-se ao som produzido pelo objeto representado. Assim, um sino faz *blim-blom* em português, cadeia sonora que se assemelha ao som do repicar de um sino – o que, nesse sentido, faz de *blim-blom* um signo motivado. No entanto também as onomatopeias têm certo grau de arbitrariedade, como notou Hockett (1958: 298): em inglês, um sino faz *ding-dong* e, em alemão, *bim-bam*. Em outras palavras: as onomatopeias não são imitações fiéis, mas expressões fonemizadas (Lenneberg, 1973: 64).

Línguas sem voz?

Em geral, a noção de *língua* está associada à expressão pela voz, e os seres humanos estão bem equipados para ouvi-la (Petkov et al., 2008: 367): (a) distinguimos a voz humana de outros sons ou vocalizações; (b) distinguimos as vozes de diferentes falantes; (c) distinguimos as vozes de pessoas que conhecemos.

Há vantagens na utilização da voz sobre a utilização de sinais para as necessidades comunicativas: não há necessidade de que aquele que fala e aquele que ouve se vejam durante o ato comunicativo. Um objeto grande posto entre ambos, ou a escuridão, por exemplo, criam dificuldades comunicativas incontornáveis para as línguas de sinais.

Mesmo que se leve em conta que a capacidade de ouvir é crucial para o desenvolvimento da linguagem na maior parte dos seres humanos, que os "ouvidos humanos escutam melhor precisamente nas frequências nas quais os humanos formulam a fala" (Northern e Downs, 2005: 3), a realidade permite apreender situações em que a vocalização de uma língua não é o único meio de expressão linguística de uma comunidade, como demonstra o breve relato a seguir:

> Devido a uma mutação, um gene recessivo posto em ação pela endogamia, uma forma de surdez hereditária vingou por 250 anos na ilha de Martha's Vineyard, Massachussets, a partir da chegada dos primeiros colonizadores surdos na década de 1690. Em meados do século XIX, quase não havia famílias na porção norte da ilha que não fossem afetadas e, em alguns povoados [...], a incidência de surdez aumentara para uma em cada quatro pessoas. Em resposta a essa situação, toda a comunidade aprendeu a língua de sinais, havendo livre comunicação entre ouvintes e surdos (Sacks, 2005: 45).

A *língua de sinais da ilha* e o inglês passaram a ser correntes nesse pequeno povoado, permitindo a integração dos surdos.

No Brasil, na década de 1960, James Y. Kakumasu encontrou situação semelhante entre os índios urubu-kapoor, comunidade indígena com cerca de quinhentos habitantes, ao sul do Maranhão, às margens do rio Gurupi, notificada inicialmente em trabalho publicado em *International Journal of American Linguistics* (1968: 275-281), e posteriormente estudada por Lucinda Ferreira Brito.[1]

Nessa pequena comunidade detectaram-se sete surdos, monolíngues na *língua de sinais urubu-kapoor*. O número era significativo porque revelava uma proporção de um surdo para cada 75 ouvintes e porque, como em Martha's Vineyard, a língua de sinais urubu-kaapor foi aprendida pela comunidade, que se tornou bilíngue.

No Brasil, a *língua brasileira de sinais* (mais conhecida pela sigla Libras) é a mais disseminada e aquela reconhecida como "meio legal de comunicação e expressão" (Lei nº 10.436, de 24 de abril de 2002), mas não na escrita, na qual não lhe é permitido substituir o português (Lei nº 10.436, art. 4º, parágrafo único). Até porque não há ainda um sistema padronizado de escrita que possa cumprir essa tarefa. Em Portugal, a Língua Gestual Portuguesa (LGP) é reconhecida constitucionalmente desde 1997 (Duarte e Mineiro, 2007) como uma das línguas oficiais de Portugal, juntamente com o português e o mirandês.

Libras, como a LGP, não se confunde com o português, porque não é o português expresso em sinais. É uma outra língua que, para sua expressão, em vez da voz, conjuga configurações de mão, movimentos e locais em que os sinais são feitos, no espaço ou no corpo. Como qualquer língua, tem símbolos e gramática.

"As línguas de sinais são [...] completas em si mesmas" – como aponta Sacks (2005: 42),

> sua sintaxe, gramática e semântica são completas, possuindo, porém, um caráter diferente do de qualquer língua falada ou escrita. Assim, não é possível transliterar uma língua falada para a língua de sinais palavra por palavra ou frase por frase – suas estruturas são essencialmente diferentes.

Uma língua de sinais pode expressar tudo o que uma língua oral pode, até mesmo poesia. Um exemplo que se tornou conhecido foi Wim Emmerik, autor de poemas em NGT (sigla para Nederlandse Gebarentaal, ou língua de sinais holandesa).

Em princípio, línguas de sinais, como línguas orais, independem de uma língua escrita; no entanto várias tentativas para escrevê-las têm sido propostas. Em tempos recentes ainda na década de 1960, surgiu a notação para a American Sign Language (ASL) do linguista William Stokoe (1919-2000). Na década seguinte, fortemente ligada ao nome de Valerie Sutton (1951-), surgiu o que viria a ser conhecido mais tarde como *SignWriting* ("escrita de sinais"), sobre a qual pesquisadores de diversos países vêm trabalhando (Ramos, s.d.). A SignWriting (sw) não toma por base fonemas ou sílabas. Nem mesmo ideogramas. Os símbolos procuram representar partes do corpo e movimentos. Outra proposta de escrita é a *HamNoSys* (sigla para Hamburg Sign Language Notational System).

No Brasil, na tradição de Stokoe, Mariângela Estelita Barros propôs, ainda na década de 1990, a ELiS (sigla para Escrita das Línguas de Sinais).

> Durante muito tempo, mas especialmente do final do século xix a meados do século xx, as línguas de sinais não foram levadas em conta na educação de surdos; ao contrário, foram percebidas como profundamente prejudiciais. Essa visão vem mudando e já se considera que as línguas de sinais, providas as condições, constituem-se na língua materna dos surdos.

Nota

[1] Lucinda Ferreira Brito, "A Comparative Study of Signs for Time and Space in São Paulo and Urubu-Kaapor Sign Language", em W. C. Stokoe e V. Volterra (eds.), SLR' 83. *Proceedings of the 3rd International Symposium on Sign Language Research*, 1985, pp. 262-268.

Para ir além

Para uma visão sobre o desenvolvimento linguístico de surdos profundos:
• Sacks (2005).

On-line

• Sobre frequências de sons nas línguas do mundo (em inglês):
<http://web.phonetik.uni-frankfurt.de/upsid.html>.

• Para material sobre sons das línguas do mundo (em inglês):
<http://archive.phonetics.ucla.edu/>.

• Para exemplos de onomatopeias em diferentes línguas:
<http://www.eleceng.adelaide.edu.au/Personal/dabbott/animal.html>.

• Argumentos contrários a uma língua de sinais única e universal, inata e sem gramática (em inglês):
<http://www.aslts.ca/myths.shtml>.

• Sobre a arbitrariedade *versus* a iconicidade nas línguas de sinais (em inglês):
<http:// www.aslts.ca/myths.shtml>.

• Sobre a Libras:
<http://www.acessobrasil.org.br/libras/>.

• Aspectos legais relacionados à Libras:
Lei n. 10.436/2002:
<http://www.planalto.gov.br/ccivil/LEIS/2002/L10436.htm>.

- Decreto n. 5626/2005:
<http://www.planalto.gov.br/ccivil/_Ato2004-2006/2005/Decreto/D5626.htm>.

- Sobre a SignWriting, para um breve histórico em português, por Ronice Müller de Quadros:
<http://www.signwriting.org/library/history/hist010.html>.

- Para uma breve comparação entre a notação de Stokoe, a sw e a HamNoSys:
<http://www.signwriting.org/forums/linguistics/ling001.html>.

- A tese de doutorado de Maria Estelita Barros pode ser lida on-line:
<http://www.ronice.cce.prof.ufsc.br/index_arquivos/Documentos/Mariangela%20 Estelita%20.pdf>.

- Referências sobre arte e literatura na ASL:
<http://library.rit.edu/guides/visual-deaf-studies/visual-materials-asl-poetry-and-literature.html>.

PARTE 6
Voltando às propostas de línguas primitivas de povos primitivos

Em boa parte do século xx, a atenção nas diferenças entre as línguas fez esquecer que, se todas são línguas, deveriam, no fim das contas, ter algo em comum. Não seria possível esperar que algumas fossem primitivas, que outras fossem indolentes ou, ao contrário, aguerridas. Mas isso valeria de verdade, até mesmo para crioulos?

A diferença entre as línguas tem limites, impostos pela natureza humana – e assim não há como concordar que qualquer combinação é possível, ou que se pode esperar qualquer coisa quando do contato com uma língua ainda desconhecida.

Observando o surgimento de uma língua

Kenneally (2007: 292) apresentou a um grupo de pesquisadores a seguinte questão:

> Se um navio de bebês aterrasse nas ilhas Galápagos – considerando que eles teriam toda a comida, água e abrigo de que necessitassem – eles produziriam alguma forma de língua quando crescessem? E, se assim fosse, de quantos indivíduos se precisaria para isso, que forma poderia ter e como mudaria através das gerações?

A questão hipotética sobre os bebês de Galápagos traz à mente o experimento de Psamético (veja Parte 3). Cerca de 27 séculos mais tarde, a pergunta sobre como o primeiro homem falou continua presente. A possibilidade de conduzir na prática um projeto que reproduzisse essa situação horroriza qualquer um e jamais seria autorizado por nenhum conselho de ética em pesquisa.

Na verdade, um projeto semelhante ao experimento de Psamético foi tentado em 1979 por Derek Bickerton e Talmy Givón.[1] Ambos queriam colocar numa ilha deserta por um ano seis casais cujos membros falassem línguas mutuamente incompreensíveis, depois de lhes ensinarem cerca de duzentas palavras de inglês, única ferramenta para se comunicarem. Os casais trabalhariam na agricultura durante o período de confinamento na ilha. Nessas condições se formaria um *pidgin*, que os linguistas poderiam estudar.

O projeto não recebeu financiamento, pelos riscos evidentes à integridade física dos participantes (Master, Schumann e Sokolik, 1989: 37).

A admiração de Bickerton por Psamético se manifestaria novamente alguns anos depois, ao declarar que o soberano egípcio não era, de modo algum, o tolo pelo qual o tomaram (Bickerton, 1983: 115).

158 Introdução à (Bio)Linguística

As respostas à situação hipotética colocada por Kenneally foram variadas e aqui apresentam-se resumidamente algumas delas. Paul Bloom, Tecumseh Fitch, Steven Pinker, Irene Pepperberg, Heidi Lyn e Ray Jackendoff responderam "sim", o primeiro apontando que bastariam duas crianças e que essa primeira geração teria uma língua rudimentar. Para Jackendoff haveria necessidade de pelo menos trinta crianças; para Lyn, pelo menos dez. Philip Lieberman respondeu com o monossílabo "não". Michael Arbib traçou um paralelo entre essa situação hipotética e o surgimento da LSN e do ISN, mas duvidou que fosse possível algo mais que uma comunicação rudimentar com voz e gestos, a não ser passadas muitas gerações.

Com base em que tipo de situação, então, os entrevistados responderam? Por que razão falam em "forma rudimentar"?

Contato linguístico

A "forma rudimentar" faz referência a soluções comunicativas individuais numa situação de contato linguístico. Labov (1990: 9-10) denomina essa situação de *idioleto multilíngue* e exemplifica esse esforço individual com um estudo anterior, levado a cabo por Hamilton van Buren. Esse estudo focalizou Obasan, uma japonesa vivendo no Havaí, na época, na casa dos 70 anos. Quando falava com seus vizinhos não japoneses, Obasan combinava sintaxe japonesa (como o verbo no final) – embora nem sempre (caso da partícula negativa precedendo o verbo) – com léxico do inglês, japonês e *pidgin* havaiano. Um exemplo em (6.1), em que *ing* e *jap* indicam, respectivamente, a origem inglesa ou japonesa.

> (6.1)
> me   wa   niku   ga   no riku
> *ing* me   *jap*   *jap*   *ing* no like
> eu   carne   não gostar
> ('Não gosto de carne')

A pronúncia tinha forte influência de sua língua nativa, como ilustrado na mudança de *no like* em *no riku*, de /l/ em /r/ e da vogal /u/ desfazendo uma sílaba que terminaria em /k/. O uso gramatical era inconsistente. Dentre os seus vizinhos, ela era compreendida por um único, falante de inglês. Para Labov essa é uma situação que surge, tipicamente, para indivíduos que se tornam isolados no grupo multilíngue: por exemplo, alguém restrito à casa, em contato apenas com filhos e netos.

Em contato regular, os falantes adultos de línguas diferentes podem passar a empregar o léxico retirado principalmente de uma das línguas em contato, em enunciados formados a partir de uma gramática comum, desenvolvida com base na própria língua nativa e com pronúncia fortemente influenciada por ela. Surge, então, o que se chama de *pidgin*. Um *pidgin* não tem falantes nativos – em outras palavras, é sempre usado como segunda língua para fins bem específicos e limitados.

Labov (1990: 11) contrasta o idioleto de Obasan com o *pidgin* havaiano de O-san, um trabalhador japonês cuja idade regulava com a de Obasan, numa conversa sobre caçada de porcos.

> (6.2)
> Go bark bark bark. All right. He go... He stop see. Go for the dog. Go for the dog. He no go for you, the man. He no care for man. He go for the dog.

A reduplicação (*bark bark bark*) marca a continuidade da ação. Não há flexões. Há uma única preposição. Traços como esses levam a caracterizar um *pidgin* como uma gramática simplificada.

Uma geração de crianças em idade de aquisição que tenha um *pidgin* como sua experiência linguística mais significativa acabará por transformá-la numa língua tão complexa como outra qualquer em alguns anos. Estas línguas são denominadas *crioulos*.

Há cerca de vinte anos, Derek Bickerton (1926-) propôs que todas as línguas crioulas eram simples e estruturalmente muito semelhantes, não importando as línguas que as originaram, porque faziam emergir um *bioprograma linguístico*. Essa base comum estava à disposição, segundo ele, de qualquer criança de qualquer comunidade linguística entre os 2 e os 4 anos (Bickerton, 1983: 108), que só não se torna um falante adulto de crioulo pelo esforço dos pais e demais adultos (Bickerton, 1983: 113). Uma criança pequena pode dizer em inglês frases como

> (6.3)
> Nobody don't like me
> I no like do that
> Johnny bigger more than me

idênticas respectivamente, segundo Bickerton (1983: 114), a frases do crioulo de base inglesa do Havaí, da Jamaica e da Guiana. Afinal, para o autor, se muitas línguas admitem dupla negação, as únicas línguas que permitem um sujeito negativo com verbo negativo são os crioulos. Uma afirmação como essa levaria à conclusão de que o português, medieval e mesmo o atual, por exemplo, é um crioulo, uma vez que é possível encontrar exemplos como:

> (6.4)
> Nenhum homem não o pode ver os dentes.[2]
> Nenhum o não convidou.[3]
> Ninguém não diz isso.

Segundo Bickerton, isso explicaria por que é mais fácil aprender uma língua crioula que qualquer outra. Em outras palavras: os crioulos revelariam a gramática universal.

Essa proposta recebeu muitas críticas. Um de seus críticos é Michel De-Graff, que vem procurando demonstrar que, em primeiro lugar, crioulos não são línguas mais simples, nem excepcionais. Afinal, a classificação como crioulo depende do conhecimento da história social de uma comunidade linguística, não da estrutura dos dados.

Notas

[1] Derek Bickerton e Talmy Givón, "The Experimental Creation of a Natural Language". Proposal submitted to the National Science Foundation, 1979.

[2] Anônimo, *Estoria do muy nobre Vespesiano*, Lisboa, Valentim Fernandes [1496].

[3] Idem.

As línguas podem diferir sem limites e de modos imprevisíveis?

Levando em conta a dificuldade em estabelecer e em delimitar as línguas-E do mundo, mesmo assim calcula-se que ainda sejam faladas cerca de seis mil línguas (Comrie, 1996: 13), parte desse número em risco iminente de extinção. As línguas são diferentes. É uma obviedade. Em Linguística há muitos trabalhos que refletem o interesse particular por aspectos que são encontrados em algumas línguas, mas não em todas. Assim, há linguistas interessados, por exemplo, em línguas tonais, em línguas ergativas, em línguas que não têm uma ordem básica de palavras, ou que têm ordem objeto-sujeito-verbo (OSV), ou em línguas românicas... Mas até que ponto pode ir a diferença?

Línguas diferentes, pensamentos diferentes... a hipótese Sapir-Whorf

Edward Sapir (1884-1939) e seu aluno Benjamin Lee Whorf (1987-1941) formularam o que ficou conhecido na Linguística como a *hipótese Sapir-Whorf*, combinação de dois princípios: (a) o *determinismo linguístico*; e (b) o *relativismo linguístico*. O *determinismo linguístico* vê a língua como anterior ao pensamento e como determinante do modo como o indivíduo capta a realidade, guiando sua atividade mental (Whorf, 1956a: 212). O relativismo linguístico resulta da hipótese de que as codificações encontradas numa língua, uma vez que as línguas são diferentes, não são encontradas em outras, isto é, "[o]s fatos são diferentes para pessoas cuja experiência linguística estabelece uma formulação diferente para esses fatos" (Whorf, 1956b: 235). Nas palavras de Whorf (1956a: 213), "dissecamos a natureza

162 Introdução à (Bio)Linguística

segundo linhas estabelecidas por nossas línguas nativas". O determinismo da hipótese Sapir-Whorf evoca textos dos séculos XVIII e XIX: as línguas fariam alguns homens irremediavelmente mais primitivos que outros.

O exemplo clássico apontado por Whorf (1956a: 216) e desde então repetido *ad nauseam* vinha do esquimó, língua em que, segundo Whorf, haveria muitas palavras para denominar aquilo que em inglês (e também em português) é denominado apenas por uma palavra, *snow* ('neve'), evidência, segundo ele, de como a neve para um falante do inglês era um entidade diferente das várias entidades concebidas por um esquimó.

> Temos [em inglês] uma única palavra para a neve que cai, a neve no chão, a neve bem compactada como gelo, a neve derretendo, a neve flutuando no vento – seja lá qual for a situação. Para um esquimó, esta palavra multi-inclusiva seria quase impensável; ele diria que a neve caindo, a neve derretendo, e assim por diante, são sensitiva e operacionalmente distintas, coisas distintas com que se lidar; usa palavras distintas para essas e para outras formas de neve.

Uma vez que o indivíduo via uma natureza desenhada pela gramática de sua língua, dois físicos, um deles nativo de hopi – língua indígena norte-americana do grupo uto-azteca – e o outro de inglês não teriam como se entender. Afinal, hopi não tem a noção de tempo gramatical, o que, para Whorf, significou que não havia como um falante de hopi pensar no tempo, dimensão da Física:

> Como poderia funcionar uma Física construída nesses termos, sem T (tempo) em suas equações? Perfeitamente, tanto quanto posso ver, embora, é lógico, requereria uma ideologia diferente e talvez uma Matemática diferente (Whorf, 1956a: 217).

Nessa ótica haveria significados intransponíveis de uma língua para outra, mesmo naqueles termos tradicionalmente considerados o núcleo comum do vocabulário, tais como os designativos de partes do corpo, parentesco, expressão de quantidades ou de relações espaciais. Foi o que Gordon (2004) defendeu em relação ao pirahã, língua indígena brasileira com um sistema numérico *um-dois-muitos*, cuja referência remete a valores inexatos.

Embora repetida *ad nauseam*, a informação sobre o vocabulário para "neve" em esquimó não tem fundamento. Geoffrey Pullum (1991: 159-171) retoma o trabalho de Laura Martin[1] e comenta como a falta de rigor científico levou a tantas repetições de um erro.

> O exemplo de Whorf derivou de uma incompreensão de sua fonte, a obra clássica de Franz Boas *The Handbook of North American Indian Languages* (Manual das línguas indígenas norte-americanas), de 1911: do mesmo modo que o inglês emprega raízes diferentes para diferentes formas que a água toma (como em português *líquido, lago, rio, córrego, chuva, orvalho, onda, espuma*) em vez de contar com palavras derivadas da raiz de *água*, assim o esquimó emprega raízes distintas para a "neve no chão", a "neve caindo", a "neve acumulada pelo vento", a "neve flutuando no vento", em vez de termos morfologicamente relacionados. A conclusão de Whorf faz tanto sentido como dizer que não se pode pensar abstratamente sobre a água em português porque, nesta língua, há palavras independentes morfologicamente para "água em estado gasoso" (*vapor*), "água em estado sólido" (*gelo*), "água que cai das nuvens" (*chuva*), "água que cai do teto" (*goteira*), "água que brota na parede" (*infiltração*), e assim por diante.

A questão discutida por Sapir e Whorf pode ser vista por um outro prisma:

> é mais plausível que condições ambientais diferentes influenciem as coisas sobre as quais as pessoas pensam, e isto por sua vez influencie o seu uso da língua. Assim, estas diferenças ocorrem mais porque o pensamento influencia a linguagem do que porque a linguagem influencia o pensamento (Eysenck e Keane, 2007: 309).

Pinker (1995 I: 136) observa que a hipótese Sapir-Whorf implica que as crianças, ao aprenderem com os pais sua língua materna, aprenderiam mais do que a falar: aprenderiam a pensar.[2] Esse ponto levanta uma outra questão: falantes bilíngues pensariam de duas formas diferentes, na dependência da língua que estivessem falando?

> Não obstante o descrédito da Hipótese Sapir-Whorf (veja Pinker, 1995 I: 136), ao menos na sua versão forte, uma análise linguística com esse pano de fundo foi invocada recentemente pelo linguista norte-americano Peter Gordon (2004) para o pirahã, língua falada no Amazonas, em área às margens do rio Maici, por uma tribo com pouco mais de duzentos indivíduos, distribuídos por aldeias de dez a vinte habitantes.

> sugiro que a língua pirahã não equivale a línguas que têm sistemas de contagem que permitem enumeração exata. É de particular interesse o fato de que o pirahã não tem um nome específico para a quantidade singular. Em vez disso, "hói" significa 'mais ou menos um' ou 'pequeno', o que impede qualquer tradução precisa de termos numéricos exatos (Gordon, 2004: 498).

164 Introdução à (Bio)Linguística

Ao ler a caracterização do pirahã por Gordon, não há como não lembrar da caracterização de um selvagem inferior que Darwin (1871) fez, "que não tem palavras para expressar qualquer número maior que quatro, e que dificilmente usa quaisquer termos abstratos para objetos comuns ou para as afeições".

De qualquer modo, o estudo de Gordon pôde ser contestado com dados de outra língua indígena brasileira, o mundurucu, língua tupi falada na região do alto rio Tapajós e do médio rio Madeira. O pirahã tem um sistema de três termos, a saber, *hói* ('um', 'mais ou menos um', 'pouco'), *hoí* ('dois', 'mais do que um') e *aibaagi* ('muitos'). O sistema do mundurucu tem denominação para *quatro* e também para *cinco*, embora esta não tenha emprego entre crianças (Pica et al., 2004: 500). Crofts (1973: 108) apresentou o seguinte elenco, sendo os algarismos sobrescritos indicativos de que se trata de uma língua tonal:

pĩñ²	'um'
xep³xep³	'dois'
e³ba²pĩñ³	'três'
'e³ba³dip²dip²	'quatro'
so³at²	'todos'
pĩñ³pĩñ²	'alguns'
a²de²	'muitos'

Pica et al. (2004) demonstram que a inexatidão encontrada em pirahã também está presente em mundurucu. Concluem (Pica et al., 2004: 503) que o fato de os mundurucus terem nomes para "quatro" e para "cinco" não é suficiente para fazer com que tenham a representação mental do número exato e que parece ser crucial para isso a existência de uma rotina de contagem, que os mundurucus não têm.

Até que ponto pode ir a diferença entre as línguas e, em consequência, entre as culturas? "Sem limites e de modos imprevisíveis" foi a resposta aceita em boa parte do século XX. O pano de fundo da hipótese Sapir-Whorf é a questão de as línguas poderem variar infinitamente.

As línguas diferem umas das outras...

As línguas são diferentes em vários aspectos: no inventário de fonemas, isto é, de unidades sonoras distintivas, na expressão morfossintática, no léxico, na sintaxe.

O português, por exemplo, tal como o francês, tem as vogais em (6.5), mas, diferentemente do francês, não tem aquelas em (6.6), apresentadas, em ambos os quadros, com os símbolos do Alfabeto Fonético Internacional (IPA) e na ortografia dessas línguas:

(6.5)

IPA	Vogais	
	Representação ortográfica	
	Português	Francês
i	*pi*	*si*
e	*pê*	*ses*
ɛ	*pé*	*sait*
u	*tu*	*sous*
o	*vô*	*sot*
ɔ	*vó*	*sort*

(6.6)

IPA	Vogais	
	Representação ortográfica	
	Português	Francês
y	/	*tu*
ø	/	*ceux*
œ	/	*soeur*

As línguas diferem também em aspectos morfossintáticos. Em latim clássico, por exemplo, um nome como *puer*, 'criança, menino', na dependência da função que exercia num enunciado, poderia apresentar-se sob várias formas, indicativas de caso e número, como em (6.7).

(6.7) PUER – **latim**

CASO	NÚMERO	
	SINGULAR	PLURAL
Nominativo	*puer*	*pŭeri*
Genitivo	*pŭeri*	*pŭerōrum*
Vocativo	*puer*	*pŭeri*
Acusativo	*pŭerum*	*pŭeros*
Dativo	*pŭero*	*pŭerīs*
Ablativo	*pŭero*	*pŭerīs*

166   Introdução à (Bio)Linguística

Em português, a forma com significado equivalente, "criança", apresenta distinções de número (*criança, crianças*), mas não de caso. No correspondente inglês *child*, há variação de número (*child, children*) e, como refere um ser animado, *child* participa ainda de um sistema casual com pouquíssima variação (Quirk e Greenbaum, 1973: 96 e ss.): a par com o chamado caso comum (*child*), apresenta o caso genitivo (*child's*), forma específica apenas para o singular (Quirk e Greenbaum, 1973: 93).

No tocante aos adjetivos, uma forma como o português "bonito" pode apresentar quatro variações: *bonito, bonitos, bonita, bonitas*. Em grego clássico, o equivalente *kalós* apresentava trinta formas, que resultavam da combinação de gênero (masculino, feminino e também neutro) com número (singular, plural e também dual) e com caso (nominativo, vocativo, acusativo, genitivo e dativo). Diferentemente do português "bonito", porém, *kalós* apresentava ainda formas obrigatórias para comparativo (*kallíon*) e para superlativo (*kállistos*). O termo inglês equivalente, *beautiful*, não apresenta formas especiais para número, gênero ou caso, nem mesmo para grau, embora nessa língua parte dos adjetivos tenha formas especiais, obrigatórias, para a expressão do comparativo e do superlativo (como para *young*, 'jovem', respectivamente *younger* e *youngest*). O latim tinha terminações obrigatórias para a expressão do grau no adjetivo; o português também pode expressar grau no adjetivo, mas, para fazê-lo, não conta com um sistema de terminações de emprego obrigatório. A diferença pode ser maior, porém: há línguas, como o quíchua, por exemplo, que não apresentam uma classe de adjetivos.

Também pode variar a ordem básica de constituintes na oração, isto é, a ordem mais frequente e mais neutra, numa sentença declarativa com sujeito e objeto nominais. Quando se concebe uma oração declarativa afirmativa como formada de sujeito (S), verbo flexionado (V) e objeto direto (O), há pelo menos seis possibilidades lógicas para a ordem básica: SOV, SVO, VSO, VOS, OVS, OSV, exemplificadas em (6.8) a seguir.

(6.8)

• SOV – **turco**
Hasan öküz-ü aldi
Hasan boi-Acus comprou
('Hasan comprou o boi')

- SVO – **iorubá**
bàbá   ra   bàtá (Pulleyblank, 1990)
pai   comprou   sapatos
('O pai comprou os sapatos')

- VSO – **galês**
Lladdodd y ddraig   y dyn (Comrie, 1989b)
matou   o dragão o homem
('O homem matou o dragão')

- SOV – **malgaxe**
Mamaky   boky   ny   mpianatra
lê   livro   o   estudante
('O estudante lê o livro')

- OVS – **hixkaryana**
kuraha   yonyhoryeno   biryekomo (Derbyshire, 1985)
tigela   ele-fez-ela   menino
('O menino fez uma tigela')

- OSV – **urubu**
jaxi-rehe   jande   jaho (Kakumasu, s.d.)
jabuti-por   nós   nós-fomos
('Fomos atrás de jabuti')

As línguas também diferem no vocabulário, não apenas no tocante à *arbitrariedade* do signo, mas também no recorte diferente da realidade. Um exemplo bem conhecido diz respeito aos nomes de cores: as línguas do mundo não nomeiam o contínuo de cores do espectro segundo a mesma divisão.

...mas diferem dentro de limites

No século XVI, o jesuíta Azpilcueta Navarro (ca. 1522-1557) desincumbia-se de escrever uma gramática sobre o tupinambá, afirmando que lhe parecia que os índios não tinham o suficiente para ser descrito numa gramática, mas apenas alguns vocábulos que eram bem gerais; dito de outro modo, não tinham uma língua. Por volta da mesma época, o padre Manuel da Nóbrega (1517-1570) chegou a considerar os índios "tão brutos que nem vocábulos têm" (apud Rosa, 1999: 204). Ambas as afirmações pressupõem que a diferença entre as línguas

168 Introdução à (Bio)Linguística

pode ser tamanha a ponto de ser possível encontrar uma língua sem palavras ou apenas com meia dúzia delas, que nomeariam tudo e que se combinariam sem nenhum princípio, isto é, sem gramática; uma língua sem vogais, com regras independentes de estrutura... são muitas as possibilidades.

Por mais estranho que pareça, em meados do século xx, naquela que, em sua época, talvez tenha sido a mais importante coletânea da Linguística descritiva – intitulada *Readings in Linguistics 1* –, uma afirmação do editor Martin Joos se tornaria famosa e geraria a suposição de que um linguista que sai para trabalho de campo poderia esperar qualquer coisa quanto ao que viria a encontrar – até mesmo uma língua sem vogais ou sem classes gramaticais. Joos afirmava que as línguas podem "diferir entre si sem limites e de modos imprevisíveis" (Joos, 1971: 96).[3] Naquele momento a Linguística tentava demonstrar que as línguas não deveriam ser descritas em termos preconcebidos, como se todas fossem semelhantes ao latim. Essa reação antiuniversalista à tradição gramatical greco-latina levou Bloomfield (1984: 20) a propor que as únicas generalizações úteis sobre as línguas eram as generalizações indutivas.

Restrições à variação irrestrita e ilimitada

A constatação da existência de cerca de seis mil línguas-E a princípio poderia parecer um argumento favorável a uma diferenciação ilimitada ou quase. Mas não é assim. Uma língua sem vogais orais, por exemplo, é uma impossibilidade; portanto uma língua que conta com vogais nasais conta também com vogais orais (Comrie, 1989b: 18). Como notou Bach (1973: 16 – grifo no original),

> [e]videntemente não é verdadeiro que todas as línguas sejam semelhantes ao latim em alguns pontos. Por outro lado, se o termo "língua" tem algum sentido, deve ser verdadeiro que todas as línguas *são* de algum modo iguais ao latim.

Há muito se percebeu que determinados aspectos são mais frequentes que outros nas línguas do mundo e que a diversidade segue padrões de organização.

Frequência nas línguas do mundo

Uma consulta ao Upsid permite constatar que, no tocante às vogais, /i/, /u/ e /a/ ocorrem em mais de 80% das línguas da amostra, ao passo que /y/ está presente em apenas cerca de 5%. No tocante às consoantes, /m/ é cerca de duas vezes mais frequente que /s/. No tocante às sílabas, são mais comuns aquelas constituídas por apenas uma vogal (V) ou por consoante e vogal (CV).

No tocante a processos gramaticais, diferentes linguistas já assinalaram o predomínio da afixação sobre os demais processos nas línguas do mundo. Entre os processos afixais, a prevalência da sufixação foi apontada, por exemplo, por Sapir (1971: 74), para quem "os sufixos entram em maior escala na obra formal da linguagem do que todos os outros métodos reunidos". Era também a posição de Boas (1968: 231), que, voltado especificamente para as línguas americanas, afirmava que "na formação de palavras e de frases os afixos são usados de forma extensiva [...]. Por outro lado, no todo, a sufixação é usada mais amplamente que a prefixação".

As ordenações SOV e SVO são as mais comuns; por outro lado, aquelas em que S vem depois de O são bem mais raras. Por exemplo: são muito poucas as línguas OSV (como o urubu) no mundo, praticamente todas na região amazônica.[4]

A implicação

A variação entre as línguas sofre também de um outro tipo de limitação: há determinados fenômenos que fazem prever grande chance de ocorrência de outro. Em outras palavras: nem todas as combinações possíveis são permitidas.

Os sistemas de vogais e de consoantes tendem à simetria: se uma língua tem a oclusiva dental sonora /d/, presente em 27% das línguas do Upsid, espera-se que tenha a correspondente surda /t/. Esta apresenta-se em 40% das línguas da amostra Upsid, percentual que se eleva para 83% caso se leve em conta as línguas que têm /d/ (Boer, 2001: 7).

Na década de 1960, Joseph Greenberg (1915-2001) propôs a existência de *universais implicacionais*, que previam possibilidades de variação entre as línguas não aleatória: se X ocorre numa língua, então há grande probabilidade de que ocorra Y, mas não o contrário. Um exemplo (Greenberg, 1963: 69):

> **Universal 21.** Se algum ou todos os advérbios seguem o adjetivo que modificam, então a língua é tal em que, como ordem dominante, o adjetivo

170 Introdução à (Bio)Linguística

qualificativo segue o nome, e o verbo precede seu objeto nominal.

Em outras palavras, a presença de determinada característica na estrutura de uma língua faz prever a existência de outra característica estrutural. Se uma língua tem a ordem SOV, por exemplo, essa ordem, em geral, estará refletida na ordem de nomes e títulos. No japonês, cuja ordem básica é SOV, o sobrenome vem antes do nome (6.9a), e o título (6.9b), depois do nome (exemplos extraídos de Comrie, 1996: 23):

(6.9)
a. MATSUMOTO Tada

b. Yamata sensei   'professor Yamata'
Watanabe ishi   'doutor Watanabe'

Buscando a universalidade em meio à diferença

Retomem-se os termos para os nomes de cores. Na *Introdução à linguística descritiva*, Gleason Jr., depois de apontar que um falante de inglês descreveria o arco-íris em termos de seis cores, a saber, *red, orange, yellow, green, blue* e *purple*,[5] chamava a atenção para o relativismo na expressão linguística da experiência, afirmando que

> Nada há de inerente, quer ao espectro, quer à sua percepção humana, que exija a sua divisão desta forma. O método específico de divisão faz parte da estrutura do inglês (Gleason Jr., 1978: 4).

Reiterava mais adiante o quanto a percepção do mundo era determinada pela gramática, no caso, pela gramática do inglês:

> Não há nenhuma razão pela qual não pudessem ser usadas seis outras, ou ainda pela qual estas seis não pudessem estar associadas a partes diferentes do espectro; ou melhor, não há outra razão que não seja o fato de ser esta a maneira de a língua inglesa proceder [...] (Gleason Jr., 1978: 6).

A arbitrariedade irrestrita, como defendida por Gleason Jr., seria contestada num trabalho que propôs a existência de universais no vocabulário relativo a cores. Na década de 1960, Brent Berlin e Paul Kay concluíram que as línguas do mundo podem ter, no máximo, 11 categorias de cores básicas: *branco*, *preto*, *vermelho*, *verde*, *amarelo*, *azul*, *marrom*, *roxo*, *rosa*, *laranja* e *cinza*. Mas foram mais longe e afirmaram que (Berlin e Kay, 1999: 2):

1. Todas as línguas contêm termos para branco e preto.

2. Se uma língua contém três termos, então contém um termo para vermelho.

3. Se uma língua contém quatro termos, então contém um termo ou para verde ou para amarelo (mas não para os dois).

4. Se uma língua contém cinco termos, então contém termos tanto para verde como para amarelo.

5. Se uma língua contém seis termos, então contém um termo para azul.

6. Se uma língua contém sete termos, então contém um termo para marrom.

7. Se uma língua contém oito ou mais termos, então contém um termo para roxo, rosa, laranja, cinza, ou alguma combinação desses.

A busca por universais, que começaria a ganhar fôlego na década de 1960, vai de encontro às propostas dos adeptos do relativismo linguístico.

As línguas são diferentes, mas as traduções são evidências de que o que se diz numa língua pode ser traduzido em outra. As línguas não diferem no que pode ser expresso, mesmo que por vezes uma tradução não permita apreender um jogo de palavras na outra língua. A famosa passagem da *Odisseia* em que Odisseu, que se apresentara com o nome de Ninguém, ataca o ciclope Polifemo (Homero, 1970, canto IX: 159) é um bom exemplo, porque depende de a língua contar com quantificadores negativos:

Pois bem, Ciclope, perguntas-me o nome famoso? Dizer-to/ vou; mas a ti cumpre dar-me o presente a que há pouco aludiste. / Ei-lo; Ninguém é meu nome; Ninguém costumavam chamar-me / não só meus pais, como os mais companheiros que vivem comigo.

Polifemo pede socorro a outros gigantes (texto em grego extraído de Comrie, 1989a, autor tomado por base no que se segue), que não o entendem:

(6.10)
Grego

Oûtis	me	kteínei	dólōi	ēè	bíēphin
Ninguém[6]	me	mata	por-astúcia	ou	por-força[7]

172 Introdução à (Bio)Linguística

Tanto o inglês como o português têm quantificadores negativos, e a tradução do texto grego para essas línguas pode captar o artifício do astuto Odisseu. Comrie (1989a) aponta que em russo também há quantificadores negativos, mas eles requerem múltiplas negações. Em haruai, língua falada em Papua-Nova Guiné, não há quantificadores negativos.

(6.11)
Russo
a. Nikto   menja   ne   gubit
   ninguém me   NEG mata

b. Nikto   menja gubit
   (A pessoa chamada) Ninguém   me   mata

Todos esses são casos que diferem naquilo que deve ser expresso, e não no que pode ser expresso, como notou Jakobson (1971: 69). Há diferenças gramaticais entre essas línguas, mas não há como relacionar a ausência de quantificadores negativos, por exemplo, a uma limitação que os falantes nativos dessas línguas teriam desenvolvido.

Notas

[1] Laura Martin, "Eskimo Words for Snow: a Case Study in the Genesis and Decay of an Anthropological Example", *American Psychologist*, 88 (2), jun. 1986: 418-423.

[2] Para uma visão simpática a uma versão fraca (a língua influencia a percepção) ou muito fraca (a língua influencia a memória) da hipótese Sapir-Whorf, ver Eysenck e Keane (2007: 308-311).

[3] Martin Joos retomava a tradição do antropólogo e linguista Franz Boas (1858-1942) sobre a necessidade de analisar cada língua em si, e não de acordo com a descrição de uma outra.

[4] Em geral são apresentados como exemplos de línguas OSV: xavante, jamamadi, apurinã, kayabi, nadëb e warao.

[5] Em português: *vermelho, laranja, amarelo, verde, azul* e *roxo*.

[6] *Oûtis* ('ninguém') é formado de "não" (*ou*) + "alguém" (*tis*). É um pronome negativo indeterminado, por oposição ao *oudeís* ('ninguém'), que é formado de "nem" (*oudé*) + "um"-numeral (*heîs*) (prof. Henrique Cairus, c.p.).

[7] Na tradução brasileira aqui consultada (Homero, 1970, canto IX: 160): "Dolorosamente Ninguém quer matar-me; sem uso de força".

Para ir além

Para um exemplo de um *pidgin* no Brasil:
• Emmerich (2008).

On-line

• Sobre línguas em vias de extinção:
<http://www.unesco.org/culture/es/endangeredlanguages>.

• Um catálogo das línguas do mundo:
<http://www.ethnologue.com/>.

Epílogo

Numa das obras que se constituíram em marco da Linguística Descritiva – a coletânea intitulada *Readings in Linguistics I* –, Martin Joos, seu editor, fez um comentário que se tornaria famoso, ao opor o linguista russo Nikolai Trubetzkoy (1890-1938) à tradição do antropólogo e linguista Franz Boas (1858-1942). Para Joos, Trubetzkoy queria um conjunto de regras fonológicas que fosse essencialmente válido para todas as línguas, mas, Joos afirmava, as línguas podem "diferir entre si sem limites e de modos imprevisíveis". Se tomada ao pé da letra, a formação de um linguista se tornava impossível.

A ênfase na variação entre as línguas, refletida na asserção de Joos e fundamentada em hipóteses como o determinismo e o relativismo linguísticos, estabelecia, nesse momento do século xx, o clima de opinião favorável a uma Linguística antiuniversalista. A proposta de que a Linguística não se deveria interessar pela faculdade da linguagem retirava dela uma parte da essência da natureza humana.

Nos vários capítulos precedentes procuramos demonstrar a construção de uma visão de Linguística diferente dessa ao longo da segunda metade do século xx, com início por volta da década de 1950. A faculdade da linguagem, com que todos os seres humanos nascem, impõe limites aos sistemas linguísticos que po-

176 Introdução à (Bio)Linguística

dem vir a se desenvolver. Em interação com a experiência linguística, permitirá que uma criança chegue a dominar aquela que será sua língua. A Linguística começava, então, a explorar áreas que tradicionalmente não despertavam seu interesse. Não há como, neste momento, não relembrar as palavras de Saussure numa conferência em 1891: "pergunta-se até que ponto esses estudos têm seu lugar numa Faculdade de Letras, ou se não teriam um lugar, igualmente adequado, numa Faculdade de Ciências?" (Saussure, 2004: 130).

Para Saussure essa era uma discussão encerrada e bem encerrada (Saussure, 2004: 130). Não é mais.

Glossário

AFASIA. (do gr. *a-* 'sem' + *-phasis* 'fala'; pelo fr. *aphasie*) Supressão parcial ou completa da capacidade de uso da língua e/ou de compreensão linguística depois de uma lesão cerebral. O modelo Wernicke-Lichtheim-Geschwind gerou hipóteses acerca dos tipos de afasia, em acordo com a localização das lesões:

afasia de Broca – déficits na produção da fala, mas não na compreensão;

afasia de condução – resultante de lesão na conexão entre as áreas de Wernicke e de Broca, com fala fluente e déficits de compreensão;

afasia de Wernicke – déficits na compreensão, mas não na produção da fala.

afasia global – perda quase total da compreensão e da produção da fala;

AGRAMATISMO. Denominação aplicada ao sintoma de perda da habilidade de construir e compreender enunciados que tenham elementos gramaticais, como marcas flexionais, artigos, pronomes.

CIÊNCIA COGNITIVA. Ciência que procura compreender a natureza da mente humana.

CIÊNCIA SOCIAL. Ciência voltada para o estudo dos aspectos sociais e culturais do comportamento humano.

178 Introdução à (Bio)Linguística

COMPETÊNCIA. O conhecimento linguístico que permite a fluência que caracteriza um falante-ouvinte na sua língua nativa.

CORPUS. (latim) Conjunto de dados (PL: *corpora*).

CÓRTEX CEREBRAL. Camada de tecido neural que reveste os hemisférios cerebrais.

CULTURA. A totalidade de padrões de comportamento socialmente transmitidos, artes, crenças, instituições e todos os outros produtos do trabalho e pensamento humano (Pinker, 2002: 44).

DÉFICIT LINGUÍSTICO. Deficiência cujos sintomas se revelam linguisticamente.

DEMÊNCIA. Perda grave de habilidades intelectuais, a ponto de interferir na vida social ou profissional do indivíduo (extraído de: <http://www.medterms.com/script/main/art. asp?articlekey=2940>. Acesso em: 16 nov. 2009).

DESEMPENHO. O uso linguístico do falante-ouvinte em situações concretas, isto é, os enunciados que produz em sua língua nativa, bem como o que ele entende do que os outros disseram.

DISTÚRBIO ESPECÍFICO DE LINGUAGEM (DEL). Distúrbio que se manifesta linguisticamente de forma variada, com processos fonológicos idiossincráticos, vocabulário abaixo do esperado para a normalidade, menor número de intenções comunicativas e déficits nas habilidades morfológicas e sintáticas (Befi-Lopes e Rodrigues, 2005).

DUALISMO. Visão filosófica que distingue a mente da matéria.

EFEITO CLEVER HANS. Influência involuntária do observador sobre o observado.

EMPIRISMO. Proposta filosófica que considera o conhecimento derivado da experiência.

EVOLUÇÃO. Na definição famosa de Darwin, é "descendência com modificação", isto é, mudança na forma e no comportamento de organismos ao longo de gerações.

FASCÍCULO ARQUEADO. Via neural entre as áreas de Broca e Wernicke. O mesmo que *fascículo longitudinal superior*.

FRENOLOGIA. Proposta de localização, em áreas específicas do cérebro, de características do comportamento humano, como a esperança ou a benevolência.

GRAMATICALIDADE. Propriedade do que pertence à gramática.

HUMOR. Segundo a tradição médica antiga, que tem como expoentes Hipócrates de Cós (ca. 460-377 a.C.) e Galeno de Pérgamo (129-199), cada um dos componentes de um sistema de quatro fluidos (sangue, fleuma, bílis e cólera/melancolia) que, se em desequilíbrio ou excesso no corpo humano, se constituem em causa de doença. Além desses quatro elementos, ainda vieram a ser considerados *humores* outros elementos úmidos, como a saliva, o esperma, o leite.

INFINITUDE DISCRETA. Capacidade de produzir um número infinito de expressões gramaticais a partir de um conjunto finito de elementos e princípios linguísticos (Maia, 2006: 24).

INTUIÇÃO. 1. Julgamento introspectivo, imediato, do falante acerca da gramaticalidade, aceitabilidade ou significado de enunciados de sua língua. 2. Julgamento acerca da razão teórica para a resposta descrita em (1).

JULGAMENTOS DE GRAMATICALIDADE. Parte da competência de um falante-ouvinte que lhe permite saber o que pode ou não pode ser um enunciado de sua língua.

LÍNGUA-E. Uma língua enquanto conjunto de enunciados. Veja *desempenho*.

LÍNGUA-I. Uma língua enquanto produto da mente do falante. Veja *competência*.

LÍNGUA NATURAL. Qualquer língua humana, surgida espontaneamente, em oposição às línguas artificiais, criadas por alguém.

MONISMO. Visão filosófica que não separa a atividade mental do corpo em que é gerada.

NEUROCIÊNCIA. Conjunto de disciplinas que estuda, pelos mais variados métodos, o sistema nervoso e a relação entre as funções cerebrais e mentais (Herculano-Houzel, 2008: 3).

OPERAÇÃO DEPENDENTE DE ESTRUTURA. Operação gramatical que se processa com base na estrutura sintática.

ÓRGÃO DA LINGUAGEM. A faculdade da linguagem. A denominação deriva do paralelo entre órgãos do corpo, como o coração ou os pulmões, e órgãos da mente, como a linguagem, a matemática.

PROBLEMA MENTE-CORPO. Discussão acerca de se a mente existe em separado do corpo material ou não.

RACIONALISMO. Proposta filosófica que considera o conhecimento derivado de princípios radicados na mente.

SELEÇÃO NATURAL. Processo pelo qual as formas de organismos de uma população que estão mais bem adaptadas ao ambiente aumentam em frequência relativamente às formas menos bem adaptadas, ao longo de uma série de gerações (Ridley, 2004: 707).

SÍNDROME DE DESINTEGRAÇÃO FONÉTICA. Distúrbio da fala sem comprometimento da compreensão, da leitura ou da escrita.

TAREFA. Em estudos experimentais, aquilo que os participantes de um experimento devem fazer, em acordo com as instruções recebidas do experimentador.

TESTE DE ESCUTA DICÓTICA. Teste sobre a lateralização da linguagem em que duas séries de enunciados são apresentadas de forma simultânea para ambos os ouvidos de um indivíduo, que deve, em seguida, dizer o que ouviu.

Para estudo e revisão

PARTE 1
O que a Linguística estuda?

1. Em que medida se pode afirmar que Câmara Jr. considerou a linguagem um fenômeno biológico?

> [Tome por base a leitura do Capítulo 1 de *Princípios de linguística geral*, de Mattoso Câmara Jr. Junte a seus argumentos passagens do texto de Câmara Jr. que sustentam sua resposta.]

2. Demonstre a falha no critério classificatório de Jespersen quanto às línguas do mundo.

> [Organize sua resposta do seguinte modo:
> (a) no parágrafo introdutório, resuma a proposta de Jespersen acerca da distribuição das línguas do mundo e procure definir o que, segundo ele, seriam *línguas femininas*, *masculinas*, *línguas adultas* e *infantis*;
> (b) em seguida, contra-argumente;
> (c) no parágrafo final apresente a conclusão, que deve derivar dos parágrafos anteriores.
> Obs.: Evite adjetivos e evite fazer dos adjetivos (como *machista, sexista...*) a base da argumentação.]

3. Com base na leitura do Capítulo 1 de *Princípios de linguística geral*, de Mattoso Câmara Jr., demonstre por que Mattoso Câmara Jr. pode ser considerado um dualista.

> [Em sua resposta:
> (a) explique o que se entende por *dualismo*;
> (b) aponte e comente trechos do autor nesse capítulo que deem sustentação à sua resposta.]

4. O português é falado por 177.981.570 de indivíduos nos vários continentes (fonte: *Ethnologue*, <http://www.ethnologue.com/show_language.asp?code=por> em 06/12/2009). Nesse sentido, *português* refere-se ao conceito de língua-I ou de língua-E?

PARTE 2
Sobre a faculdade da linguagem

5. No texto de Bloomfield sobre como uma criança aprende uma língua, há o pressuposto de que, em face de um estímulo, é possível prever a resposta. Por exemplo: diante de um quadro em que predomine o vermelho, seria previsível o falante dizer "vermelho", do mesmo modo que, ao ver a boneca, a criança enunciaria a palavra "boneca". É possível concordar com essa hipótese?

6. Resuma cada uma das propostas de evolução da linguagem arroladas por Câmara Jr.

7. Diante de um relato sobre um papagaio que, ao cair num poço, gritou "Socorro!", podemos afirmar que ele conseguiu desenvolver a criatividade linguística?

> [Reflita sobre os argumentos de Terrace et al., 1979, nas páginas 66-67, e trace um paralelo com o argumento de criatividade para Washoe.]

8. Um trabalho científico lança mão de hipóteses. Por que uma hipótese como a de Kemke (veja página 57) sobre as línguas usadas no Paraíso não é interessante?

PARTE 3
Linguagem: natureza e ambiente

9. O ambiente afeta o desenvolvimento linguístico?

10. Os casos das crianças selvagens constituem-se em evidências em favor de que uma criança fala porque imita os adultos?

[Faça um parágrafo introdutório em que indique o que irá defender. Nos demais parágrafos:
(a) explique o que se entende por *crianças selvagens*;
(b) exemplifique, acentuando os aspectos relevantes para o ponto que defende.
No parágrafo final conclua, com base no que expôs anteriormente.]

11. Tomando por base os casos das crianças selvagens, mostre como eles podem ser tomados como evidência para a postulação de um período sensível na aquisição da linguagem.

12. Não há línguas herdadas; tampouco existe uma língua universal, pronta a emergir na ausência de outras. Tome a história de Psamético como ponto de partida e comente essa afirmativa.

PARTE 4
A base física da faculdade da linguagem

13. Complete as lacunas

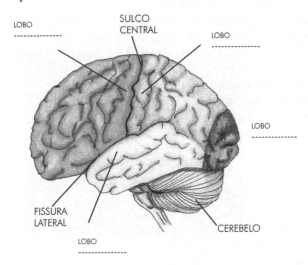

14. Procure aplicar a escala de pontos aos trechos de fala apresentados em seguida. Comente o que o fez decidir entre atribuir 1 ou 2. A diagramação do texto foi modificada, para a introdução de marcadores.

Escala de AVE (acidente vascular encefálico) do NIH (National Institute of Health) [*Revista da SOCERJ*, 16, suplemento C, jul. 2003, p. 46 e 48].

Atenção

Avaliar os itens da escala na ordem sugerida.

Os pontos obtidos devem refletir o que o paciente faz, não o que o médico interpretar. Exceto quando indicado, o paciente não deve ser "treinado" (p. ex.: repetir solicitações para executar determinada tarefa).

188 Introdução à (Bio)Linguística

Orientações	Definição da escala	Pontos
Linguagem O paciente deve ser solicitado a descrever o que está acontecendo na figura em anexo, nomear os itens na lista de figuras em anexo e ler a lista de palavras em anexo. A compreensão é julgada a partir destas respostas, assim como todos os comandos no exame neurológico precedente. Se a perda visual interferir com o teste, peça ao paciente que identifique os objetos colocados em sua mão, repetindo e identificando em voz alta. Ao paciente entubado deve ser solicitado escrever uma sentença. O paciente em coma (questão 1a = 3) irá receber arbitrariamente 3 pontos neste item. O examinador deve escolher a melhor pontuação para um paciente com rebaixamento do nível de consciência ou que apresentar limitação na compreensão; contudo apenas devem ser dados 3 pontos ao paciente com mutismo, que não consegue realizar nenhum comando.	**0 =** Normal; sem afasia. **1 =** Afasia leve a moderada. Algum déficit na fluência verbal ou na compreensão, sem, contudo, limitar as ideias expressas ou a forma de expressão. Na descrição sobre o material fornecido, o examinador consegue identificar o quadro ou nome a partir das respostas do paciente. **2 =** Afasia grave. Toda a comunicação é feita através de expressões fragmentadas. Grande necessidade de interferência no questionamento e nas respostas por parte do examinador. O examinador não consegue identificar o que foi respondido pelo paciente. **3 =** Mutismo, *afasia global*[G]. Nenhuma fala ou compreensão foi obtida.	

A base física da faculdade da linguagem **189**

a) Luzzatti e De Bleser (1996: 29-30)
Sujeito 1

Examinador: Poderia me contar a história do Chapeuzinho Vermelho?

Cappuccetto Rosso...   *lupo...*   *Cappuccetto Rosso...*   *Cappuccetto Rosso*   *eh...*
Chapeuzinho Vermelho...   lobo...   Chapeuzinho Vermelho...   Chapeuzinho Vermelho   eh...

girava   *...no.*   *...tutto*   *...eh*   *...un*   *... non cosi, ma...*
andava (3SG IMP) ...não. ...tudo   ...eh   ...um   ... não assim, mas...
(mostra com a mão: não em curva, mas em linha reta)

diritto... scorciatoia   *...e ...e*   *...un lupo*   *...lupo, eh non lo so, [...] e:... "salve!"*
direto... atalho   ...e ...e ...um (MASC/SG) lobo (MASC/SG) ...lobo (MASC/SG), eh não sei [...]
e:.. "Oi!"

[...] poi dopo   *...eh poi dopo*   *...eh*   *...un lupo*   *eh...*   *non so perche*
[...] aí depois   ...eh, aí depois   ...eh   ...um (MASC/SG) lobo (MASC/SG)   eh...   não sei por que

Examinador: Aonde foi o lobo?

Lupo...   *n-nonna*   *...eh. Poi...*   *la bambina*   *...Eh*   *...spalanca*
Lobo...   v-vovó   ...eh. Aí...   a (FEM/SG) menina (FEM/SG)   ...Eh   ...escancara (3SG/PRES)

e dice...
e diz (3SG/PRES)...

Examinador: E disse?

eh...   *"gli occhi"*   *...poi* *..."la ...la voce"*   *...e ...ah no!*
...oh no! però eh
eh...   "os (MASC/PL) olhos" (MASC/PL) ...aí   ..."a (FEM/SG) voz (FEM/SG)" ...e ...ah não!
...ah não! mas eh

mangia...   *nonna...*   *mangia, no?*   *Poi cappuccio*
come (3SG/PRES)...   vovó...   come (3SG/PRES), certo?   Aí Chapeuzinho
(mostra com as mãos que os enunciados anteriores deveriam ser inseridos ali)

...Poi   *...e poi ...*   *"grandi*   *occhi*   *che hai"*
...Aí   ...e aí...   "grandes (MASC/PL) olhos (MASC/PL) que tens" (2SG/PRES)

e poi   *mangia...*   *Il cacciatore*   *...entra*   *...e*   *squarcia*
e aí   come (3SG/PRES)...   O (MASC/SG) caçador (MASC/SG) ...entra (3SG/PRES) ...e   rasga (3SG/PRES)

la... la...   *Libera*   *...la bambina*   *e*   *la nonna*
a (FEM/SG)... a (FEM/SG)...   Liberta (3SG/PRES) ...a (FEM/SG) menina (FEM/SG)   e   a (FEM/SG) avó (FEM/SG)

190 Introdução à (Bio)Linguística

b) Mondini et al. (2005: 183)
Sujeito 2

Examinador: Poderia descrever o começo de sua doença?

Prima... eh... prima... infezione, poi in se-quenza... ictus
Primeiro... eh... primeiro... infecção, aí em se-guida... ataque

Examinador: Foi hospitalizado?

prima Torino, poi lunga-degenza, dottore Rossi telefona Moncalieri
primeiro Turim, aí longa-internação, doutor Rossi telefona (3SG/PRES) Moncalieri

"C'è posto riabilitazione?"
Há lugar reabilitação?

"...Una settimana, ...poi ...posto"
"...Uma semana, ...aí ...lugar"

E ...io [...] ginnastica, poi ...linguaggio.
E ...eu [...] ginástica, então ...fala.

PARTE 5
Sobre as línguas

15. É possível memorizar uma língua?

16. É possível dizer quantas frases existem em português?

17. É possível dizer qual a frase mais longa do português?

18. Libras não se confunde com o português, porque não é o português expresso em sinais. Demonstre com exemplos a veracidade dessa informação.

PARTE 6

Voltando às propostas de línguas primitivas dos povos primitivos

19. Existem línguas primitivas?

20. E os crioulos?

Bibliografia

AARTS, Bas. Corpus linguistics, Chomsky, and fuzzy tree fragments. In: MAIR, Christian; HUNDT, Marianne (eds.). *Corpus Linguistics and Linguistic Theory:* Papers From the Twentieth International Conference on English Language Research on Computerized Corpora (Icame 20), Freiburg Im Breisgau 1999. Amsterdam: Rodopi, 2000, pp. 5-14.

ABBOTT, Derek. Animal Sounds, 2004. Disponível em: <http://www.eleceng.adelaide.edu.au/Personal/dabbott/animal.html>. Acesso em: 8 abr. 2009.

ABRAHAM, Carolyn. *Viajando com o cérebro de Einstein:* uma investigação sobre o bizarro percurso do cérebro e a tentativa de uma explicação neurocientífica para a sua genialidade. Trad. Alexandre Martins. Rio de Janeiro: Relume Dumará, 2005 [1. ed. inglês 2002].

AHLSÉN, Elisabeth. *Introduction to Neurolinguistics.* Amsterdam: John Benjamin, 2006.

AITCHISON, Jean. *Words in the Mind:* An Introduction to the Mental Lexicon. 2. ed. Oxford: Blackwell, 1994.

ALMEIDA, Napoleão Mendes de. *Gramática metódica da língua portuguesa.* São Paulo: Saraiva, 1965 [1. ed. 1947].

ANÔNIMO. *Edwin Smith Surgical Papyrus.* In: WILKINS, Robert H. Neurosurgical Classic-XVII, 1964. Disponível em: <http://www.neurosurgery.org/cybermuseum/pre20th/epapyrus.html>. Acesso em: 13 nov. 2009.

BACH, Emmon. A linguística estrutural e a filosofia da ciência. In: COELHO, Marta; LEMLE, Miriam; LEITE, Yonne (orgs.). *Novas perspectivas linguísticas.* Petrópolis: Vozes, 1973. pp. 11-27 [1. ed. artigo 1965].

BARROS, Mariângela Estelita. *ELiS – Escrita das Línguas de Sinais:* proposta teórica e verificação prática. Florianópolis, 2008. Tese (Doutorado em Linguística) – Universidade Federal de Santa Catarina. Disponível em: <http://www.ronice.cce.prof.ufsc.br/index_arquivos/Documentos/Mariangela%20Estelita%20.pdf>. Acesso em: 12 jul. 2008.

BATES, Elizabeth. On Language Savants and the Structure of the Mind: A Review of Neil Smith and Ianthi-Maria Tsimpli, "The Mind of a Savant: Language Learning and Modularity". *International Journal of Bilingualism*, 1 (2), 1997, pp. 163-179. Disponível em: <http://crl.ucsd.edu/~bates/papers/pdf/langsav.pdf>. Acesso em: 4 maio 2009.

_____; DICK, Frederick. Beyond Phrenology: Brain and language in the Next Millennium. *Brain and Language*, 71, 2000, pp. 18-21. Disponível em: <http://crl.ucsd.edu/~bates/papers/pdf/bates-dick-2000.pdf>. Acesso em: 12 abr. 2009.

194 Introdução à (Bio)Linguística

BEAR, Mark F.; CONNORS, Barry W.; PARADISO, Michael A. *Neurociências:* desvendando o sistema nervoso. Trad. Jorge Alberto Quillfeldt. Porto Alegre: Artmed, 2002 [1. ed. inglês 2001].

BECKER, Alton L. *Beyond Translation:* Essays towards a Modern Philology. Michigan: The University of Michigan Press, 2000.

BEFI-LOPES, D. M.; RODRIGUES, A. O distúrbio específico de linguagem em adolescente: estudo longitudinal de um caso. *Pró-Fono Revista de Atualização Científica*, Barueri, v. XVII, n. 2, maio-ago. 2005, pp. 201-212.

BERKE, Jamie. Deafness Mistaken for Mental Retardation: When Deaf People Were Mislabeled as Retarded. Disponível em: <http://deafness.about.com/cs/featurearticles/a/retarded.htm>. Acesso em: 12 jul. 2008.

BERLIN, Brent; KAY, Paul. *Basic Color Terms:* Their Universality and Evolution. [s.l.]: CSLI Pulications, 1999 [1. ed. 1969].

BICKERTON, Derek. Creole Languages. *Scientific American*, 249 (1), 1983, pp. 108-115.

BISHOP, Dorothy V. M. Putting Language Genes in Perspective. *Trends in Genetics*, 18 (2), 2002, pp. 57-59.

BLOOM, Paul (ed.). *Language Acquisition:* Core Readings. Cambridge: The MIT Press, 1994.

BLOOMFIELD, Leonard. *Language*. Chicago: The University of Chicago Press, 1984 [1. ed. 1933].

BOAS, Franz. Introduction to Handbook of American Indian Languages. In: HAYDEN, Donald Eugene; ALWORTH, E. Paul; TATE, Gary. *Classics in Linguistics*. London: Owen, 1968, pp. 155-234 [1. ed. 1911].

BOER, Bart de. *The Origin of Vowel Systems*. Oxford: Oxford University Press, 2001.

BOWERMAN, Melissa. The "No Negative Evidence" Problem. In: HAWKINS, John A. (ed.). *Explaining Language Universals*. Oxford: Basil Blackwell, 1990, pp.73-101 [1. ed. 1988].

BRASIL. Lei nº 10.436, de 24 de abril de 2002. ("Dispõe sobre a Língua Brasileira de Sinais – Libras – e dá outras providências"). Disponível em: <http://www.planalto.gov.br/ccivil_03/LEIS/2002/L10436.htm>. Acesso em: 12 jul. 2008.

BROCA, Pierre Paul. Perte de la parole, ramollissement chronique et destruction partielle du lobe antérieur gauche du cerveau. *Bulletin de la Société Anthropologique*, 2, 1861a, pp. 235-238. Disponível em: <http://psychclassics.yorku.ca/Broca/perte.htm>. Acesso em: 1 maio 2009.

_____. Remarques sur le siége de la faculté du langage articulé, suivies d'une observation d'aphémie (perte de la parole). *Bulletin de la Société Anatomique*, 6, 1861b, pp. 330-357. Disponível em: <http://psychclassics.yorku.ca/Broca/aphemie.htm>. Acesso em: 1 maio 2009.

BRONOWSKI. J. Human and Animal Languages. In: JAKOBSON, Roman (ed.). *To Honor Roman Jakobson:* Essays on the Occasion of his Seventieth Birthday, 11 October 1966. The Hague: Mouton, 1967, v. I, pp. 374-394.

CAIRSTAIRS-MCCARTHY, Andrew. Origins of language. In ARONOFF, Mark e REES-MILLER, Janie (eds.). *The Handbook of Linguistics*. Oxford: Blackwell, 2001, pp. 1-18.

CAIRUS, Henrique F.; RIBEIRO Jr., Wilson A. *Textos hipocráticos:* o doente, o médico e a doença. Rio de Janeiro: Fiocruz, 2005.

_____ . A fisiologia do espírito na Grécia Antiga, s.d. Disponível em: <http://www.letras.ufrj.br/pgclassicas/afisiologia.pdf>. Acesso em: 29 ago. 2008.

CAMARA JR., Joaquim Mattoso. *Princípios de linguística geral*. 4. ed. rev. e aum. Rio de Janeiro: Acadêmica, 1973.

Bibliografia 195

CAMPEAU, Serge. University of Colorado at Boulder/Center for Neuroscience. Disponível em: <http://psych.colorado.edu/~campeaus/>. Acesso em: 8 ago. 2009.

CANTALUPO, Claudio; HOPKINS, William D. Asymmetric Broca's Area in Great Apes: A Region of the Ape Brain is Uncannily Similar to one Linked with Speech in Humans, 2001. Disponível em: <http://www.pubmedcentral.nih.gov/picrender.fcgi?artid=2043144&blobtype=pdf>. Acesso em: 10 abr. 2009.

CARMONA, Mário. *O Hospital Real de Todos-os-Santos da cidade de Lisboa.* Porto: Imprensa Portuguesa, 1954.

CHOMSKY, Noam. *Aspectos da teoria da sintaxe.* Trad. J. A. Meireles e E. P. Raposo. Coimbra: Arménio Amado, 1975 [1. ed. inglês 1965].

_____. *Linguagem e pensamento.* Trad. F. M. Guimarães. Petrópolis: Vozes, 1977 [1. ed. inglês 1968].

_____. *Diálogos com Mitsou Ronat.* Trad. A. Lorencini e S. M. Nitrini. São Paulo: Cultrix, s.d. [1. ed. francês 1977].

_____. *Regras e representações.* Trad. Marilda W. Averburg, Paulo Henriques Brito e Regina Bustamante. Rio de Janeiro: Zahar, 1981 [1. ed. inglês 1980].

_____. *Knowledge of Language:* Its Nature, Origin and Use. New York: Praeger, 1986.

_____. *Language and Problems of Knowledge:* The Managua Lectures. Cambridge: The MIT Press, 1988.

_____. *New Horizons in the Study of Language and Mind.* Cambridge: Cambridge University Press, 2000.

_____. *Sobre natureza e linguagem.* São Paulo: Martins Fontes, 2006 [1. ed. inglês 2002].

CHUDLER, Eric H. *Neurosciences for Kids,* 1996-2002. Disponível em: <http://faculty.washington.edu/chudler/vent.html>. Acesso em: 29 ago. 2008.

CLARK, Eve. *The Lexicon in Acquisition.* Cambridge: Cambridge University Press, 1995 [1. ed. 1993].

CLEMENTS, A. M. et al. Sex Differences in Cerebral Laterality of Language and Visuospatial Processing. *Brain and Language,* 98, 2006, pp. 150-158.

COMRIE, Bernard. Translatability and Language Universals. *Belgian Journal of Linguistics,* 4, 1989a, pp. 53-67.

_____. *Language Universals and Linguistic Typology:* Syntax and Morphology. Oxford: Basil Blackwell, 1989b.

_____. Introduction. In: COMRIE, Bernard; MATTHEWS, Stephen; POLINSKY, Maria (eds.). *The Atlas of Languages:* The Origin and Development of Languages throughout the World. New York: Facts on File, 1996, pp. 8-15.

CROFTS, Marjorie. *Gramática mundurukú.* Brasília: Summer Institute of Linguistics, 1973.

CROSSMAN, A. R.; NEARY, D. *Neuroanatomia ilustrado e colorido.* Trad. Charles Alfred Esbérard. Rio de Janeiro: Guanabara-Koogan, 1997 [1. ed. 1995].

CRYSTAL, David. *A Linguística.* Trad. Isabel Hub Faria. Lisboa: Dom Quixote, 1973.

_____. *The Cambridge Encyclopedia of Language.* Cambridge: Cambridge University Press, 1987.

CURTISS, Susan et al. The Linguistic Development of Genie. In: LUST, Barbara C.; FOLEY, Claire (eds.). *First Language Acquisition:* The Essential Readings. Malden: Blackwell, 2004, pp.126-154 [1. ed. artigo 1974].

196 Introdução à (Bio)Linguística

_____; Schaeffer, Jeannette. Syntactic Development in Children with Hemispherectomy: The I-, D-, and C-Systems. *Brain and Language*, 94, 2005, pp. 147-166.

Damásio, António R. *O erro de Descartes:* emoção, razão e o cérebro humano. Trad. Dora Vicente e Georgina Segurado. São Paulo: Companhia das Letras, 1996 [1. ed. 1994].

Darwin, Charles Robert. *The Descent of Man*, 1871. Disponível em: <http://www.online-literature.com/darwin/descent_man/>. Acesso em: 29 ago. 2008.

Dascal, Marcelo; Borges Neto, José. De que trata a linguística, afinal? *Histoire, Epistemologie Langage*, 13 (1), 1991, pp. 13-50.

Davies, Eirlys; Bentahila, Abdelâli. On Mother and other Tongues: The Notion of Possession of a Language. *Lingua*, 78, 1989, pp. 267-293.

Davis, Kingsley. Extreme Isolation. In: Henslin, James M. *Down to Earth Sociology*. New York: The Free Press, 1988, pp. 72-80. Disponível em: <http://www.runet.edu/~junnever/articles/davis.htm>. Acesso em: 29 ago. 2008.

Deacon, Terrence W. Biological Aspects of Language. In: Jones, Steve; Martin, Robert; Pilbeam, David (eds.). *The Cambridge Encyclopedia of Human Evolution*. Cambridge: The Cambridge University Press, 1992, pp. 128-133.

DeGraff, Michel. Creolization, Language Change, and Language Acquisition: An Epilogue. In: DeGraff, M. (ed.). *Language Creation and Language Change:* Creolization, Diachrony, and Development. Cambridge: The mit Press, 1999, pp. 473-543.

Derbyshire, Desmond C. *Hixkaryana and Linguistic Typology*. Dallas: The Summer Institute of Linguistics/The University of Texas at Arlington, 1985.

Descartes. *Discurso do método*. Lisboa: Europa-América, 1977 [1. ed. 1637].

Dronkers, N. F. et al. Paul Broca's Historic Cases: High Resolution mr imaging of the Brains of Leborgne and Lelong. *Brain*, 130 (5), 2007, pp. 1432-1441. Disponível em: <http://brain.oxfordjournals.org/cgi/content/full/130/5/1432#F3>. Acesso em: 1 maio 2009.

Duarte, Liliana Paiva; Mineiro, Ana. Terminologia em língua gestual portuguesa: uma necessidade para a tradução? Alguns processos de formação de gestos em ciências naturais. *Comemorações dos 75 anos do clul – Sessão de Estudante*, 2007. Disponível em: <http://www.clul.ul.pt/artigos/duarte_liliana_e_ana_mineiro.pdf>. Acesso em: 12 abr. 2009.

Eco, Umberto. *The Search for the Perfect Language*. Transl. James Fentress. Oxford: Blackwell, 1995 [1. ed. italiano 1993].

Emmerich, Charlotte. Pidgin e pidgnização no Alto Xingu, Mato Grosso, Brasil. In: Votre, Sebastião; Roncarati, Cláudia (orgs.). *Anthony Julius Naro e a Linguística no Brasil:* uma homenagem acadêmica. Rio de Janeiro: 7Letras, 2008, pp. 95-106.

Everett, Daniel. Cultural Constraints on Grammar and Cognition in Pirahã: Another Look at the Design Features of Human Language. *Current Anthropology*, 46 (4), August-October 2005. Disponível em: <http://www.sil.org/americas/brasil/PUBLCNS/ANTHRO/PHGrCult.pdf>. Acesso em: 29 ago. 2008.

Eysenck, Michael W.; Keane, Mark T. *Manual de psicologia cognitiva*. 5. ed. Trad. Magda França Lopes. Porto Alegre: Artmed, 2007 [1. ed. inglês 2005].

Felten, David L.; Józefowicz, Ralph F. *Atlas de Neurociência Humana de Netter*. Porto Alegre: Artmed, 2005 [1. ed. inglês 2003].

Ferreira, Fernanda. Psycholinguistics, Formal Grammars, and Cognitive Science. *The Linguistic Review*, 22, 2005, pp. 365-380.

Bibliografia **197**

FITCH, W. Tecumseh; HAUSER, Marc D.; CHOMSKY, Noam. The Evolution of the Language Faculty: Clarifications and Implications. *Cognition*, 97, 2005, pp. 179-210.

FLYNN, Suzanne; MANUEL, Sharon. Age-Dependent Effects in Language Acquisition: An Evaluation of "Critical Period" Hypotheses. In: EUBANK, Lynn (ed.). *PointCounterpoint:* Universal Language in the Second Language. Amsterdam: John Benjamins, 1991, pp. 117-145.

FOUTS, Roger. *O parente mais próximo:* o que os chimpanzés me ensinaram sobre quem somos. Com. Stephen Turkel Mills. Trad. M. H. C. Cortes. Rio de Janeiro: Objetiva, 1998 [1. ed. inglês 1997].

FOX, Cecilia M.; ALDER, Robert N. Mecanismos neurais do envelhecimento. In: COHEN, Helen (ed.). *Neurociência para fisioterapeutas*. Trad. Marcos Ikeda. Barueri: Manole, 2001, pp. 401-418 [1. ed. inglês 1999].

FRANÇA, Aniela Improta. *Introduction to Neurolinguistics*, 2005. Disponível em: <http://web.mit. edu/kaitire/www/evelin2005/Neuro/RelatorioEvelin2004.pdf>. Acesso em: 29 ago. 2008.

_____. Introspecção e a neurociência da linguagem: duas práticas bem afinadas. *Revista Multidisciplinar das Ciências do Cérebro*, 3 (3), maio-jun. 2006, pp. 135-137. Disponível em: <http://www.acesin.letras.ufrj.br/publicacoes_aniela/revista%20neurociencias_2006. pdf>. Acesso em: 5 ago. 2009.

_____. Competência e desempenho: dos modelos animais à perspectiva biolinguística, 2008. Disponível em: <http://www.acesin.letras.ufrj.br/curso_neurofisiologia/aif_abralin.pdf>. Acesso em: 5 ago. 2009.

FRANCHETTO, Bruna; LEITE, Yonne. *Origens da linguagem*. Rio de Janeiro: Jorge Zahar, 2004.

GAZZANIGA, Michael S.; IVRY, Richard B.; MANGUN, George R. *Cognitive Neuroscience:* The Biology of the Mind. New York: W. W. Norton & Company, 1998.

_____; HEATHERTON, Todd F. *Ciência psicológica:* mente, cérebro e comportamento. 2. imp. rev. Trad. Maria Adriana Veríssimo Veronese. Porto Alegre: Artmed, 2005 [1. ed. inglês 2003].

GESCHWIND, Norman. Specializations of the Human Brain. In: _____. *The Brain.* New York: W. H. Freeman, 1979, pp.108-117 [originalmente publicado em *Scientific American*, 241 (3), pp. 180-199].

GLEASON Jr., H. A. *Introdução à linguística descritiva*. Trad. J. Pinguelo. Lisboa: Calouste Gulbenkian, 1978 [1. ed. inglês 1961].

GLEITMAN, Lila R.; NEWPORT, Elissa L. The Invention of Language by Children: Environmental and Biological Influences on the Acquisition of Language. In: GLEITMAN, Lila R.; LIBERMAN, Mark (eds.). *An Invitation to Cognitive Science*. Cambridge: The MIT Press, 1995, v. I: Language, pp. 1-24.

GOLDBERG, Elkhonon. *O paradoxo da sabedoria*. São Paulo: Melhoramentos, 2006 [1. ed. 2005].

GOLDFELD, Marcia. Surdez. In: _____ (org.). *Fundamentos em fonoaudiologia:* linguagem. Rio de Janeiro: Guanabara Koogan, 2003, pp. 97-112 [1. ed. inglês 2000].

GOMES, Christina Abreu. Aquisição da variação estruturada: uma nova perspectiva de pesquisa. In: VOTRE, Sebastião; RONCARATI, Cláudia (orgs.). *Anthony Julius Naro e a Linguística no Brasil:* uma homenagem acadêmica. Rio de Janeiro: 7Letras, 2008, pp. 107-114.

GORDON, Peter. Numerical Cognition without Words: Evidence from Amazonia. *Science*, 306, 2004, pp. 496-499.

GREENBERG, Joseph H. Some Universals of Grammar with Particular Reference to the Order of Meaningful Elements. In: _____ (ed.). *Universals of Language*. London: The MIT Press, 1963, pp. 76-80.

198 Introdução à (Bio)Linguística

Grimshaw, Gina M. et al. First-Language Acquisition in Adolescence: Evidence for a Critical Period for Verbal Language Development. *Brain and Language*, 63, 1998, pp. 237-255.

Guindaste, Reny Maria Gregolin. *O agramatismo:* um estudo de caso em português. Campinas, 1996. Tese (doutorado em Linguística) – Universidade Estadual de Campinas.

Gurgel, Silvana. *O período dos estudos linguísticos brasileiros dito científico na questão da colocação pronominal (1880-1920)*. São Paulo, 2008. Dissertação (mestrado em Linguística) – Universidade de São Paulo. Disponível em: <http://www.teses.usp.br/teses/disponiveis/8/8139/tde-12012009-164534/>. Acesso em: 8 abr. 2009.

Hauser, Marc. D. *The Evolution of Communication*. Cambridge: The MIT Press, 1997.

_____; Chomsky, Noam; Fitch, W. Tecumseh. The Faculty of Language: What Is It, Who Has It, and How Did It Evolve? *Science*, 298, nov. 2002, pp. 1569-1579. Disponível em: <http://www.chomsky.info/articles/20021122.pdf>. Acesso em: 8 abr. 2009.

Herculano-houzel, Suzana. *O cérebro nosso de cada dia:* descobertas da neurociência sobre a vida cotidiana. Rio de Janeiro: Vieira & Lent, 2002.

_____. Uma breve história da relação entre cérebro e mente. In: Lent, Roberto (coord.). *Neurociência da mente e do comportamento*. Rio de Janeiro: Guanabara Koogan, 2008, pp. 1-17.

Heródoto. *História*. Trad. do inglês por J. Brito Broca. Est. crítico Vítor de Azevedo. Rio de Janeiro: Edições de Ouro, s.d.

Hockett, Charles F. *A Course in Modern Linguistics*. New York: Macmillan, 1958.

Homero. *Odisseia*. Trad. em versos e pref. Carlos Alberto Nunes. Rio de Janeiro: Edições de Ouro, 1970.

Jakobson, Roman. Dois aspectos da linguagem e dois tipos de afasia. Trad. Isidoro Blikstein e José Paulo Paes. In: _____. *Linguística e comunicação*. São Paulo: Cultrix, 1971a, pp. 34-62 [1. ed. artigo 1956].

_____. Aspectos linguísticos da tradução. Trad. Isidoro Blikstein e José Paulo Paes. In: _____. *Linguística e comunicação*. São Paulo: Cultrix, 1971b, pp. 63-72 [1. ed. artigo 1959].

_____. À procura da essência da linguagem. Trad. Isidoro Blikstein e José Paulo Paes. In: _____. *Linguística e comunicação*. São Paulo: Cultrix, 1971c, pp. 98-117 [1. e. artigo 1965].

_____; Pomorska, Krystyna. *Dialogues*. Transl. Christian Hubert. Cambridge: The MIT Press, 1988 [1. ed. inglês 1980].

Jespersen, Otto. *Growth and Structure of English Language*. Oxford: Basil Blackwell, 1938.

Johansson, Sverker. *Origins of Language:* Constraints on Hypothesis. Amsterdam: John Benjamins, 2005.

Joos, Martin (ed.). *Readings in Linguistics I:* The Development of Descriptive Linguistics in America 1925-56. Chicago: The University of Chicago Press, 1971 [1. ed. inglês 1957].

Kakumasu, Jim. Urubu-Kaapor Sign Language. *International Journal of American Linguistics*, 34 (4), October 1968, pp. 275-281. Disponível em: <http://www.silinternational.net/americas/brasil/PUBLCNS/LING/UKSgnL.pdf>. Acesso em: 15 abr. 2008.

_____. Gramática gerativa preliminar da língua urubu. Trad. Mary L. Daniel. Disponível em: <http://www.sil.org/americas/brasil/publcns/ling/ukgrmger.pdf>. Acesso em: 3 maio 2009.

Keller, Helen. *The Story of My Life:* with her Letters (1887-1901), and a Supplementary Account of her Education, Including Passages from the Reports and Letters of her Teacher, Anne Mansfield Sullivan, 1909. Disponível em: <http://www.gutenberg.org/catalog/world/readfile?pageno=6&fk_files=729>. Acesso em: 4 ago. 2009.

Bibliografia 199

Kenneally, Christine. *The First Word:* The Search for the Origins of Language. London: Penguin Books, 2007.

Koerner, Konrad. On the historical roots of the Philology vs Linguistics controversy. In: _____. *Practicing Linguistic Historiography*. Amsterdam: John Benjamin, 1989a, pp. 233-244.

_____. Leonard Bloomfield and the Cours de Linguistique Générale. In: _____. *Practicing Linguistic Historiography*. Amsterdam: John Benjamin, 1989b, pp. 436-443.

Kosslyn, Stephen M. Mental Imagery. In: Kosslyn, Stephen M.; Osherson, Daniel N. (eds.). *An Invitation to Cognitive Science*. Cambridge: The MIT Press, 1995, v. II: Visual Cognition, pp. 267-292.

Kuhl, Patricia K. Language, Mind, and Brain: Experience Alters Perception. In: Gazzaniga, Michael S. (ed.). *The New Cognitive Neurosciences*. Cambridge: The MIT Press, 2000, pp. 99-115.

Labov, William. On the Adequacy of Natural Languages: I. The Development of Tense. In: Singler, John Victor (ed.). *Pidgin and Creole Tense-Mood-Aspect Systems*. Amsterdam: John Benjamins, 1990 [1. ed. artigo 1971].

Lecours, André Roch et al. Anartria pura: estudo de dois casos. *Psicologia: Reflexão e Crítica*, 14 (2), 2001, pp. 367-377. Disponível em: <http://www.scielo.br/pdf/prc/v14n2/7862.pdf>. Acesso em: 10 abr. 2009.

Lenneberg, Eric H. A capacidade de aquisição da linguagem. Trad. Miriam Lemle. In: Coelho, Marta; Lemle, Miriam; Leite, Yonne (orgs.). *Novas perspectivas linguísticas*. Petrópolis: Vozes, 1973, pp. 55-92 [1. ed. artigo inglês 1964].

_____. Language in the Context of Growth and Maturation. In: Lust, Barbara; Foley, Claire (eds.). *First Language Acquisition:* The Essential Readings. Malden: Blackwell, 2004, pp.103-108 [1. ed. 1967, *Biological Foundations of Language*. New York: John Wiley, pp. 125-31].

Leonard, Christiana M. Mecanismos neurais da linguagem. In: Cohen, Helen (ed.). *Neurociência para fisioterapeutas*. Trad. Marcos Ikeda. Barueri: Manole, 2001, pp. 349-368 [1. ed. inglês 1999].

Lewis, M. Paul (ed.). *Ethnologue:* Languages of the World. 6. ed. Dallas: SIL International, 2009. Disponível em: <http://www.ethnologue.com/>. Acesso em: 8 ago. 2009.

Lewontin, Richard. *A tripla hélice:* gene, organismo e ambiente. Trad. J. Viegas Filho. São Paulo: Companhia das Letras, 2002 [1. ed. inglês 1998].

Lieberman, Philip. *Speech Physiology and Acoustic Phonetics:* An Introduction. New York/London: Macmillan/Collier Macmillan, 1977.

_____. On the Nature and Evolution of the Neural Bases of Human Language. *Yearbook of Physical Anthropology*, 45, 2002, pp. 36-62.

Lightfoot, David. *The Development of Language:* Acquisition, Change, and Evolution. Oxford: Blackwell, 1999.

Linnaeus, Carolus. 1758. *Systema naturae per regna tria naturae, secundum classes, ordines, genera, species, cum characteribus, differentiis, synonymis, locis*. Tomus I. Editio decima, reformata, 1758, pp. 1-4, 1-824. Holmiae (Salvius). Disponível em: <http://www.animalbase. uni-goettingen.de/zooweb/servlet/AnimalBase/home/reference?id=4>. Acesso em: 9 jul. 2008.

Lundy-Ekman, Laurie. *Neurociência:* fundamentos para reabilitação. Trad. F. D. Mundim e V. R. de S. Varga. Rio de Janeiro: Elsevier, 2004 [1. ed. inglês 2002].

Luzzatti, Claudio; De Bleser, Ria. Morphological Processing in Italian Agrammatic Speakers: Eight Experiments in Lexical Morphology. *Brain and Language*, 54, 1996, pp. 26-74.

200 Introdução à (Bio)Linguística

MacWhinney, Brian. First Language Acquisition. In: Aronoff, Mark; Rees-Miller, Janie (eds.). *The Handbook of Linguistics*. Oxford: Blackwell, 2001, pp. 466-487.

Maddieson, Ian. *Patterns of Sounds*. Cambridge: Cambridge University Press, 1984 [impressão digitalizada 2009].

Maia, Marcus. *Manual de Linguística:* subsídios para a formação de professores indígenas na área de linguagem. Brasília: mec/Secad; Laced; Museu Nacional, 2006.

Marantz, Alec. Generative Linguistics within the Cognitive Neuroscience of Language. *The Linguistic Review*, 22, 2005, pp. 429-445.

Margotta, Roberto. *História ilustrada da Medicina*. Trad. Marcus Leal. São Paulo: Manole, 1998 [1. ed. italiano 1967].

Markowics, Harry. S.D. *Introduction to ASL Myths*. Disponível em: <http://www.aslts.ca/myths.shtml>. Acesso em 6 dez. 2009.

Marks, Jonathan M. What does it Means to be 98% Chimpanzee: Apes, People and their Genes. Berkeley: The University of California Press, 2002.

Master, Peter; Schumann, J.; Sokolik, M. E. The Experimental Creation of a Pidgin Language. *Journal of Pidgins and Creole Languages*, 4 (1), 1989, pp. 37-63.

mec/Semtec. *Princípios e critérios de avaliação pedagógica do livro do ensino médio*. Mimeo, 2003.

Menon, Odete Pereira da Silva. Uniformitarismo ou transmissão oral? In: Votre, Sebastião;Roncarati, Cláudia (org.). *Anthony Julius Naro e a linguística no Brasil:* uma homenagem acadêmica. Rio de Janeiro: 7Letras, 2008, pp. 337-351.

Mogford, K. Oral Language Acquisition in the Prelinguistically Deaf. In: Bishop, Dorothy; Mogford, Kay (eds.). *Language Development in Exceptional Circumstances*. Hove & New York: Psychology Press, 1988, pp.110-131.

Mondini, Sara et al. Mental Representation of Prepositional Compounds: Evidence from Italian Agrammatic Patients. *Brain and Language*, 94, 2005, pp. 178-187.

Musso, Mariacristina et al. Broca's Area and the Language Instinct. *Nature Neuroscience*, 6 (7), jul. 2003, pp. 774-781.

Naro, Anthony; Braga, Maria Luiza. De quantos falantes preciso? Mimeo, s.d.

Nardy, Mônica Nascimento Santos. *Categorias lexicais e categorias funcionais na aquisição*. Rio de Janeiro, 1995. Dissertação (mestrado em Linguística) – Universidade Federal do Rio de Janeiro.

Nevins, Andrew; Pesetsky, David; Rodrigues, Cilene. Pirahã Exceptionality: A Reassessment, 2007. Disponível em: <http://www-rohan.sdsu.edu/~gawron/mathlin/readings/nevinsEtAl_07_Piraha-Exce.pdf>. Acesso em: 6 dez. 2008.

Newmeyer, Frederick J. Has There Been a "Chomskyan Revolution" in Linguistics? *Language*, 62 (1), 1986, pp. 1-18.

Northern, Jerry L.; Downs, Marion P. *Audição na infância*. Trad. Antonio F. D. Paulo; Maria de Fátima Azevedo. Rio de Janeiro: Guanabara Koogan, 2005 [1. ed. inglês 2002].

Novaes, Celso. Teoria da linguagem: a gramática gerativa e as patologias da linguagem, 2006. Disponível em: <http://www.forumdelinguagem.com.br/textos/Texto%20Celso%20Novaes.pdf>. Acesso em: 5 ago. 2009.

Penrose, Roger. *A mente nova do rei*. Trad. Waltensir Dutra. Rio de Janeiro: Campus, 1993 [1. ed. inglês 1989].

PEPPERBERG, Irene M. *Alex e eu.* Trad. Márcia Frazão. Rio de Janeiro: Record, 2009 [1. ed. inglês 2008].

PETKOV, Christopher I. et al. A Voice Region in the Monk Brain. *Nature Neuroscience*, 11 (3), mar. 2008, pp. 67-374.

PICA, Pierre et al. Exact and Approximate Arithmetic in an Amazonian Indigene Group. *Science*, 306, 15 Oct. 2004, pp. 499-503.

PINEL, John P. J. *Biopsicologia.* Trad. Ronaldo Cataldo Costa. Porto Alegre: Artmed, 2005 [1. ed. inglês 2003].

PINKER, Steven. *The Language Instinct:* How the Mind Creates Language. New York: William Morrow, 1994.

_____. Language Acquisition. In: GLEITMAN, Lila R.; LIBERMAN, Mark (eds.). *An Invitation to Cognitive Science.* Cambridge: The MIT Press, 1995, v. I: Language, pp. 135-182.

_____. *Tabula rasa:* a negação contemporânea da natureza humana. Trad. Laura Teixeira Motta. São Paulo: Companhia das Letras, 2004 [1. ed. 2002].

_____; BLOOM, Paul. Natural Language and Natural Selection. *Behavioral and Brain Sciences*, 13, 1990, pp. 707-784.

PORTER, Roy. *Cambridge:* história ilustrada da medicina. Trad. e posfácio Geraldo Magela Gomes da Cruz, Sinara Mônica Leite Miranda. Rio de Janeiro: Revinter, 2001 [1. ed. inglês 1996].

PRINS, Ronald; BASTIAANSE, Roelien. History of Aphasia: The Early History of Aphasiology: From the Egyptian Surgeons (c. 1700 BC) to Broca (1861). *Aphasiology*, 20 (8), 2006, 762-791. Disponível em: <http://dare.uva.nl/document/35001>. Acesso em: 14 jul. 2008.

PULLEYBLANK, Douglas. Yoruba. In: COMRIE, Bernard (ed.). *The World's Major Languages*. Oxford: Oxford University Press, 1990, pp. 971-990.

PULLUM, Geoffrey K. *The Great Eskimo Vocabulary Hoax and Other Irreverent Essays on the Study of Language.* Chicago: The University of Chicago Press, 1991.

PURVES, Dale et al. *Neurociências.* Trad. Carla Dalmaz *et alii.* 2. ed. Porto Alegre: Artmed, 2005 [1. ed. inglês 2001].

QUADROS, Ronice Müller de. Um capítulo da história do Sign Writing. Disponível em: <http://www.signwriting.org/library/history/hist010.html>. Acesso em: 18 nov. 2009.

QUIRK, Randolph; GREENBAUM, Sidney. *A University Grammar of English*. London: Longman, 1973.

RADFORD, Andrew. *Syntactic Theory and the Structure of English:* A Minimalist Approach. Cambridge: Cambridge University Press, 1997.

RAMOS, Clélia Regina. *Libras:* a língua de sinais dos surdos brasileiros. s.d., 12 p. Disponível em: <http://www.editora-arara-azul.com.br/pdf/artigo2.pdf>. Acesso em: 21 abr. 2008.

RAPOSO, Eduardo Paiva. *Teoria da gramática:* a faculdade da linguagem. Lisboa: Caminho, 1992.

REALE, Giovanni; ANTISERI, Dario. *História da filosofia.* Trad. Ivo Storniolo. São Paulo: Paulus, 2004, 6v. [1. ed. italiano 1997].

Revista da SOCERJ. 16. Suplemento C. Jul. 2003.

RIDLEY, Mark. *Evolução.* Trad. H. Ferreira, L. Passaglia, R. Fischer. Porto Alegre: Artmed, 2006 [1. ed. inglês 2004].

ROSA, Maria Carlota. As línguas bárbaras e peregrinas do Novo Mundo segundo gramáticos jesuítas: uma concepção de universalidade no estudo de línguas estrangeiras. In: GÄRTNER, Eberhard; HUNDT, Christine; SCHÖNBERGER, Axel (eds.). *Estudos de história da língua portuguesa.* Frankfurt am Main: TFM, 1999, pp. 173-229.

202 Introdução à (Bio)Linguística

RUPPERT, Edward E.; BARNES, Robert D. *Zoologia dos invertebrados.* 6. ed. Trad. Marcos Oliveira. São Paulo: Roca, 1996 [1. ed. inglês 1994].

SABAN, R. Les Prémices de la physiologie du cerveau humain. *Vesalius*, 5 (1), 1999, pp. 41-47. Disponível em: <http://www.bium.univ-paris5.fr/ishm/vesalius/VESx1999x05x01.pdf>. Acesso em: 18 nov. 2009.

SACKS, Oliver. *Vendo vozes:* uma viagem ao mundo dos surdos. Trad. Laura Teixeira Motta. São Paulo: Companhia das Letras, 2005 [1. ed. inglês 1989].

SAENKO, Kate et al. Production Domain Modeling of Pronunciation for Visual Speech Recognition. *Proceedings of the International Conference on Acoustics, Speech, and Signal Processing*, March 2005, pp. 473-476, Philadelphia. Disponível em: <http://people.csail.mit.edu/saenko/saenko_livescu_icassp_05.pdf>. Acesso em: 5 ago. 2009.

SAMUELS, Richard. Innateness in Cognitive Science. *Trends in Cognitive Science*, 8 (3), 2004, pp. 136-141. Disponível em: <http://cogsci.bme.hu/DoCS/oktatas/kurzusok/kogtudtort/Innateness.pdf>. Acesso em: 3 ago. 2009.

SANTOS, Diana; SARMENTO, Luís. Linguateca. *Corpus Nilc.* Universidade de São Paulo em São Carlos, Instituto de Ciências Matemáticas e de Computação. Disponível em: <http://www.linguateca.pt/ACDC>. Acesso em: 6 dez. 2009.

SAPIR, Edward. *A linguagem:* introdução ao estudo da fala. Trad. J. Mattoso Camara Jr. Rio de Janeiro: Acadêmica, 1971 [1. ed. inglês 1921].

SARDINHA, Tony Berber. *Linguística de corpus.* Barueri: Manole, 2004.

SAUSSURE, Ferdinand. *Cours de linguistique générale.* Publié par Charles Bally et Albert Sechehave; avec la collaboration de Albert Riedlinger; édition critique préparée par Tullio de Mauro. Paris: Payot, 1980 [1. ed. francês 1915].

_____. *Escritos de linguística geral.* In: BOUQUET, Simon; ENGLER, Rudolf; WEIL, Antoinette (orgs.). Trad. Carlos Augusto Leuba Salum e Ana Lúcia Franco. São Paulo: Cultrix, 2004 [1. ed. francês 2002].

SCHULTZ, Duane P.; SCHULTZ, Sydney Ellen. *História da psicologia moderna.* Trad. Suely, S. M. Cuccio. São Paulo: Thomson Learning Edições, 2006 [1. ed. inglês 2004].

SEARLE, John. Chomsky's Revolution in Linguistics, 1972. Disponível em: <http://www.chomsky.info/onchomsky/19720629.htm>. Acesso em: 8 ago. 2009.

SEKI, Lucy. Problemas no estudo em uma língua em extinção. *Boletim da Abralin*, 6, mar. 1984, pp. 109-118. Disponível em: <http://biblio.wdfiles.com/local--files/seki-1984-problemas/seki_1984_problemas.pdf>. Acesso em: 3 maio 2009.

SILVA, Antonio de Moraes. *Diccionario da lingua portugueza.* 6. ed. Lisboa: Typ. de Antonio José da Rocha, 1858. 2v.

SKUSE, D. H. Extreme Deprivation in Early Childhood. In: BISHOP, Dorothy; MOGFORD, Kay (eds.). *Language Development in Exceptional Circumstances.* Hove & New York: Psychology Press, 2004, pp. 29-46 [1. ed. artigo inglês 1988].

SMITH, Neil; TSIMPLI, Ianthi-Maria. *The Mind of a Savant:* Language Learning and Modularity. Oxford: Basil Blackwell, 1995.

STANFORD, Craig. *Como nos tornamos humanos: um estudo da evolução da espécie humana.* Trad. Regina Lyra. Rio de Janeiro: Elsevier, 2004 [1. ed. 2003].

STERNBERG, Robert J. *Psicologia cognitiva.* 4. ed. Trad. Roberto Cataldo Costa. Porto Alegre: Artmed, 2008 [1. ed. inglês 2006].

TERRACE, H. S. et al. Can an Ape Create a Sentence? *Science*, 206 (4421), 1979, pp. 891-902. Disponível em: <http://www.utsc.utoronto.ca/~petitto/Science1979.pdf>. Acesso em: 21 jul. 2009.

TRASK, R. L. *Dicionário de linguagem e linguística*. Trad. Rodolfo Ilari. São Paulo: Contexto, 2004.

VESALIUS, Andreas. *De humani corporis fabrica. Epitome. Tabulae sex.* Anotações e trad. do latim J. B. de C. M. Saunders, Charles D. O'Malley; trad. para o port. Pedro Carlos Piantino Lemos, Maria Cristina Vilhena Carnevale. São Paulo: Ateliê Editorial/Imprensa Oficial do Estado; Campinas: Editora da Unicamp, 2002 [1. ed. latim 1543].

WARD, Andrew R. FeralChildren.com, 2002. Disponível em: <http://www.feralchildren.com/en/index.php>. Acesso em: 22 maio 2008.

WASOW, Thomas; ARNOLD, Jennifer. Intuitions in Linguistic Argumentation. *Lingua*, 115, 2005, pp. 1481-1496.

WILKINS, Robert H. Edwin Smith Surgical Papyrus. *Journal of Neurosurgery*, 1964a, pp. 240-244. Reprodução parcial disponível em: <http://www.neurosurgery.org/cybermuseum/pre20th/epapyrus.html>. Acesso em: 14 jul. 2008.

_____. Neurosurgical Classic-XVII, 1964b. Disponível em: <http://www.neurosurgery.org/cybermuseum/pre20th/epapyrus.html>. Acesso em: 18 nov. 2009.

WHORF, Benjamin Lee. Science and Linguistics. In: CARROL, John B. (ed). *Language, Thought, and Reality:* Selected Writings of Benjamin Lee Whorf. Cambridge: The MIT Press, 1956a, pp. 207-219 [1. ed. artigo inglês 1940].

_____. Language and Logic. In: CARROL, John B. (ed). *Language, Thought, and Reality:* Selected Writings of Benjamin Lee Whorf. Cambridge: The MIT Press, 1956b, pp. 233-245 [1. ed. artigo inglês 1941].

WITELSON, S. F.; BERESH, H.; KIGAR, D. L. Intelligence and Brain Size in 100 Postmortem Brains: Sex, Lateralization and Age Factors. *Brain*, 129, 2006, pp. 386-398.

ZEMLIN, Willard R. *Princípios de anatomia e fisiologia em fonoaudiologia*. Trad. Terezinha Oppido. Porto Alegre: Artmed, 2000 [1. ed. inglês 1998].

Índice

afasia. 15, 21, 22, 24, 25, 26, 27, 33, 111, 112, 113, 125, 127, 130, 177

agramatismo. 33, 177

Alex. 61-62

"Anna". 78, 79, 80-81

aprendizado. 22, 35, 49, 53, 54, 60, 67, 73, 89, 90, 93, 144

arbitrariedade. 147, 148-149

área de Broca. 111, 113, 122-123, 125, 146

área de Wernicke. 112, 113, 122-123, 124, 125, 126

áreas de Brodmann. 122-123

"Chelsea". 85, 90

"Christopher". 143-144

ciência cognitiva. 15, 18, 27, 28, 54, 177

ciência social. 15, 19, 20, 73, 177

competência. 35-36, 37, 38, 39, 43-45, 56, 68, 82, 88, 90, 178

comunidade linguística homogênea. 40

corpus. 42-43, 178

córtex. 21-22, 110, 117, 120-121, 122, 125, 126, 129, 178

crianças selvagens. 79-83

crioulo. 88, 155, 158-160

cultura. 20, 22, 51, 141, 161-168, 178

déficit linguístico. 24, 30, 33, 36, 81, 94, 178

demência. 111, 178

dependência de estrutura. 140, 142, 144-146, 179

desempenho. 35, 36, 37, 38, 40, 43-45, 62, 71, 89, 178

determinismo linguístico. 161-162, 175

distúrbio específico de linguagem. 59, 178

dualismo. *veja problema mente-corpo*

dupla articulação. 147-148

efeito Clever Hans. 70, 72, 178

empirismo. 42, 51-53, 178

erro. 37-38

erro de Descartes. *veja problema mente-corpo*

evidência negativa. 99

evidência positiva. 99

evolução. 57-59, 178

falante-ouvinte ideal. 36

fascículo arqueado. 112, 113, 125, 178

FLB. 56, 58

FLN. 56, 58

frenologia. 110, 178

"Genie". 78, 79, 81-83

gramaticalidade. 37, 43-45, 178

   julgamentos de. 37, 43

   notação da. 37

206 Introdução à (Bio)Linguística

GU. 39,54
Gua. 63-64, 70

Helen Keller. 82, 84, 87, 101
humor. 107, 108, 178

idioleto. 40
   multilíngue. 158-159
inatismo. 54-56
infinitude discreta. 138, 178
intuição. 42-46, 179
"Isabelle". 78, 79, 80

Kaspar Hauser. 79, 82, 90
KE, família. 59

langue/parole. 24/26
lateralização. 91, 112, 127-130, 179
língua de sinais. 65, 68, 84, 87, 94, 96, 130, 150-152, 168
   ASL. 65, 66, 67, 70, 71, 88, 157
   ISN. 88
   LGP. 151
   Libras. 101, 151, 153
   língua de sinais da ilha. 150
   LSN. 88
   NGT. 151
   urubu-kapoor. 151
língua-E. 35-36, 39-41, 179
língua-I. 35-36, 39-41, 56, 138, 179
língua natural. 87, 135, 179

manhês. *veja maternalês*
maternalês. 99
módulo. 56
monismo. *veja problema mente-corpo*
mundurucu. 164
mura. 148

neurociência. 27, 30, 179
Nim Chimpsky. 67-68

onomatopeia. 148
operação dependente de estrutura. *veja dependência de estrutura*
órgão da linguagem. 54, 179

período crítico. *veja período sensível*
período sensível. 73, 89, 90-92
pidgin. 88, 157, 158, 159, 173
pirahã. 141, 148, 163
pobreza do estímulo. 98
problema mente-corpo. 30-34, 179
   erro de Descartes. 31

racionalismo. 42, 53-54, 179
recursividade. 56, 138, 140-141
relações associativas/relações sintagmáticas. 26
relativismo linguístico. 161-164, 175
rotokas. 148

Sapir-Whorf, hipótese. 161-164
seleção natural. 58, 179
"Simon". 88-89, 98
sinais domésticos. 87-88
síndrome de desintegração fonética. 24, 25, 179

tarefa. 126, 179
teste de escuta dicótica. 129, 179

universais implicacionais. 169-170

"Victor" de Aveyron. 79
Viki. 63-64

Washoe. 64-67, 72

!x□. 148

Créditos das imagens

Fig. 1   –   Fotografia da coleção de Jack and Beverly Wilgus.

Fig. 2   –   Fotografia de Josski, disponível em: http://nl.wikipedia.org.

Fig. 3   –   Fotografia de L. Miguel Bugallo Sánches.

Fig. 4   –   Fotografia de Jean Tosti.

Fig. 5   –   Fotografia de Thomas Lersch.

Fig. 6   –   Helen Keller, graduação no Radcliffe College, c. 1904.

Fig. 7   –   Ilustração do Webster's Dictionary, c. 1900.

Fig. 8   –   Ilustração da autora.

Fig. 9   –   Ilustração da autora. Adaptado do esquema de Lichtheim, reproduzido em Ahlsén, 2006:20.

Fig. 10 –   Ilustração da autora.

Fig. 11 –   Ilustração da autora.

Fig. 12 –   Ilustração da autora.

Fig. 13 –   Ilustração da autora.

Fig. 14 –   Ilustração da autora.

Fig. 15 –   Ilustração da autora.